Sri:
Srimathe Ramanujaya Nama:

Nalayira Divya Prabandham
Moondram Ayiram

Azhvar Emberumanar Jeeyar Thiruvadigale Sharanam

SV
LIFE

Nalayira Divya Prabandham - Moondram Ayiram

Copyright © 2020-2022 by TCA Venkatesan

Printed in the United States of America

First Printing, 2020

Published By: SV Life, LLC

Cover Design: TCA Venkatesan

Nalayira Divya Prabandham – Moondram Ayiram

Foreword

Through the divine grace of the Lord, Azhvars received the flawless knowledge and wrote the Nalayira Divya Prabandham - collection of 4000 Tamil verses.

Azhvars are considered to be ten in number. However, the 4000 verses include works written by Andal and Madhurakavi Azhvar, who are considered as separate from the Azhvars.

It also includes Ramanuja Nutrandhadhi, written by Thiruvarangaththamudhanar, about Swami Ramanuja.

It is believed that there were more than 4000 verses originally. Over time, all but a few were lost. Sriman Nathamunigal, an acharya of the Srivaishnava sampradhayam, recovered the currently known 4000 verses. It is said that he recited Madhurakavi Azhvar's "kaNNinuN siruththAmbu" 12,000 times at Azhvar Thirunagari and Nammazhvar apppeared before him and gave him the 4000 verses.

Nathamunigal arranged them in the order that that we know today and also set music to each of the verses. He spread the divya prabandham by singing it everywhere with the help of his two sons-in-law 'mElaiyagaththAzvAn' and 'kIzhaiyagaththAzhvAn'.

This is the third edition of Nalayira Divya Prabandham published by this author. The first two editions were published as ebooks only, through the author's website http://acharya.org. This edition is being released through Amazon as a Kindle book as well as a printed book, in English and Tamil fonts.

The breaks or pauses in the previous editions followed Thiruvallikkeni kramam. This edition follows the breaks done by Sri U Ve Puttur S Krishnaswami Iyengar Swami. The pAda bEdham's - that is, differences in text, also follow Puttur Swami's work. The differences are marked as footnotes.

Words have been broken up by the author for easy reading and to make the meaning clear. This breaks the grammar for the type of poem, which are mentioned at the heading of each work. Additionally, there is no particular formula that has been followed for breaking up the words. So, in cases of the same compound word, the break may be there in one place and not there elsewhere. Also, in some places words are broken up fully and in other places they are not. For these, as well as any errors that may have crept into the text, the author seeks the pardon of the reader.

4000 Count

The count of 4000 verses is considered an approximation by some acharyas while others consider it to be an exact count. The difference occurs on how some of the verses are counted.

Mudhalayiram : First Thousand	
Thiruppallandu	12
Periyazhvar Thirumozhi	461
Thiruppavai	30
Nachchiyar Thirumozhi	143
Perumal Thirumozhi	105
Thiruchchandha Viruththam	120
Thirumaalai	45
Thiruppalliyezhuchchi	10
Amalanadhipiran	10
Kanninun Siruththambu	11
Mudhalayiram Total = 947	

Irandamayiram : Second Thousand	
Periya Thirumozhi	1084
Thirukkurunthandagam	20
Thirunedunthandagam	30
Irandamayiram Total = 1134	

Moondramayiram : Third Thousand	
Mudhal Thiruvandhadhi	100
Irandam Thiruvandhadhi	100
Moondram Thiruvandhadhi	100
Nanmugan Thiruvandhadhi	96
Thiruviruththam	100
Thiruvasiriyam	7
Periya Thiruvandhadhi	87
Thiruvezhukootrirukkai	1
Siriya Thirumadal	1
Periya Thirumadal	1
Moondramayiram Total = 593	

Nangamayiram : Fourth Thousand	
Thiruvaymozhi	1102
Ramanuja Nutrandhadhi	108
Nangamayiram Total = 1210	

- Total = 947 + 1134 + 593 + 1210 = 3884 verses

The acharya Appillai considers 2 lines in each of the Madals as one verse. Therefore his count for Siriya Thirumadal is 77.5 and for Periya Thirumadal is 148.5. This makes Moondramayiram to be 817 verses.

- Total = 947 + 1134 + 817 + 1210 = 4108 verses

The acharya Vedanta Desikan has considered Siriya Thirumadal to be made of 40 verses and Periya Thirumadal as made of 78 verses. This makes Moondramayiram to be 709 verses.

- Total = 947 + 1134 + 709 + 1210 = 4000 verses

Transliteration Scheme

For the English text of the Divya Prabandham, the following transliteration scheme has been used. For Sanskrit text, subscripts of 2, 3 and 4 have been used in Tamil for the gutturals.

a	அ
A	ஆ
i	இ
I	ஈ
u	உ
U	ஊ
e	எ
E	ஏ
ai	ஐ
o	ஒ
O	ஓ
au	ஔ
q	ஃ
k	க்
ng	ங்
ch	ச்
nj	ஞ்
T, D	ட்
N	ண்
th	த்
n	ன், ந்
p	ப்
m	ம்
y	ய்
r	ர்
l	ல்
v	வ்
zh	ழ்
L	ள்
sh	ற
Sh	ஷ்
H	ஹ
R	ற்

mayarvaRa madhinalam aruLap peRRa
AzhvArgaL
aruLich cheydha

nAlAyira divya prabandham

mUnRAm Ayiram

Poygai Azhvar

Avataram	
Month	Aippasi
Star	Thiruvonam (Sravanam)
Place	Thiruveqka (Kanchipuram)
Amsam	Panchajanya
Divya Prabandham	
Mudhal Thiruvandhadhi	

poygaiyAzhvAr aruLich cheydha
mudhal thiruvandhAdhi

---

thaniyan
mudhaliyANDAn aruLich cheydhadhu
(nErisai veNpA)

kaidhai sEr pUmpozhil sUzh kachchi nagar vandhu udhiththa *
poygaip pirAn kavinjar pOr ERu * - vaiyaththu
aDiyavargaL vAzha arunthamizh nURRandhAdhi[1] *
paDi viLangkach seydhAn parindhu

---

poygaiyAzhvAr aruLich cheydha
mudhal thiruvandhAdhi

2082   ** vaiyam thagaLiyA * vAr kaDalE neyyAga *
veyya kadhirOn viLakku Aga ** - seyya
suDar AzhiyAn aDikkE * sUTTinEn sol mAlai *
iDar Azhi nIngkugavE[2] enRu   1

2083   enRu kaDal kaDaindhadhu? * evvulagam nIr ERRadhu? *
onRum adhanai uNarEn nAn ** - anRu adhu
aDaiththu uDaiththuk * kaNpaDuththa Azhi * idhu nI
paDaiththu iDandhu uNDu umizhndha pAr   2

2084   pAr aLavum Or aDi vaiththu * Or aDiyum pAr uDuththa *
nIr aLavum sella nimirndhadhE ** - sUr uruvin
pEy aLavu kaNDa * perumAn! aRigilEn *
nI aLavu kaNDa neRi   3

2085   neRi vAsal * thAnEyAy ninRAnai * aindhu
poRi vAsal * pORk kadhavam[3] sArththi ** - aRivAnAm
Ala mara nIzhal * aRam nAlvarkku anRu uraiththa *
Alam amar kaNDaththu aran   4

---

[1] andhAdhi
[2] nIngkavE
[3] pORkadhavam

2086   aran nAraNan nAmam * AnviDai puL Urdhi *
       urai nUl maRai uRaiyum kOyil ** - varai nIr
       karumam azhippu aLippuk * kaiyadhu vEl nEmi *
       uruvam eri kAr mEni onRu   5

2087   onRum maRandhu aRiyEn * Odha nIr vaNNanai nAn *
       inRu maRappanO? EzhaigAL! ** - anRu
       karu arangkaththuL kiDandhu * kai thozhudhEn kaNDEn *
       thiruvarangka mEyAn thisai   6

2088   thisaiyum * thisai uRu dheyvamum * dheyvaththu
       isaiyum karumangkaL ellAm ** - asaivu il sIrk
       kaNNan neDumAl * kaDal kaDaindha * kAr Odha
       vaNNan paDaiththa mayakku   7

2089   mayangka valampuri * vAy vaiththu * vAnaththu
       iyangkum eRi kadhirOn thannai ** - muyangku amaruL
       thEr AzhiyAl maRaiththadhu * en? nI thirumAlE! *
       pOr Azhik kaiyAl porudhu   8

2090   poru kOTTu Or EnamAyp * pukku iDandhAykku * anRu un
       oru kOTTin mEl kiDandhadhu anRE ** - viri thOTTa
       sEvaDiyai nITTith * thisai naDungka viN thuLangka *
       mA vaDivin[4] nI aLandha maN   9

2091   maNNum malaiyum * maRi kaDalum mArudhamum *
       viNNum vizhungkiyadhu mey enbar ** - eNNil
       alagu aLavu kaNDa * sIr AzhiyAykku * anRu iv
       vulagu aLavum uNDO? un vAy   10

2092   vAy avanai alladhu * vAzhththAdhu * kai ulagam
       thAyavanai alladhu * thAm thozhA ** - pEy mulai nanjchu
       UNAga uNDAn * uruvoDu pEr allAl *
       kANA kaN * kELA sevi   11

2093   sevi vAy kaN mUkku * uDal enRu aimpulanum * senthI
       puvi kAl * nIr viN bUtham aindhum ** - aviyAdha
       njAnamum vELviyum * nal aRamum enbarE *
       EnamAy ninRARku iyalvu   12

---

[4] vaDivil

2094   iyalvAga * In thuzhAyAn aDikkE sella *
       muyalvAr iyal amarar munnam ** - iyalvAga
       nIdhiyAl Odhi * niyamangkaLAl parava *
       AdhiyAy ninRAr avar   13

2095   avar avar thAm thAm * aRindhavARu Eththi *
       ivar ivar emperumAn enRu ** - suvar misaich
       sArththiyum * vaiththum thozhuvar * ulagu aLandha
       mUrththi uruvE mudhal   14

2096   mudhal AvAr mUvarE * ammUvar uLLum
       mudhal AvAn * mUri nIr vaNNan ** - mudhal Aya
       nallAn aruL allAl * nAma nIr vaiyagaththu *
       pallAr aruLum pazhudhu   15

2097   pazhudhE pala pagalum * pOyina enRu * anjchi
       azhudhEn * aravaNai mEl kaNDu - thozhudhEn **
       kaDal Odham kAl alaippak * kaN vaLarum * sengkaN
       aDal Odha vaNNar aDi   16

2098   aDiyum paDi kaDappath * thOL thisai mEl sella *
       muDiyum visumbu aLandhadhu enbar ** - vaDi ugirAl
       IrndhAn * iraNiyanadhu Agam * irunjchiRaip puL
       UrndhAn * ulagu aLandha nAnRu   17

2099   nAnRa mulaith thalai * nanjchu uNDu * uRi veNNey
       thOnRa uNDAn * venRi sUzh kaLiRRai - UnRi **
       porudhu uDaivu[5] kaNDAnum * puLLin[6] vAy kINDAnum *
       marudhu iDai pOy maN aLandha mAl   18

2100   mAlum karungkaDalE! * en nORRAy? * vaiyagam uNDu
       Alin ilaith thuyinRa AzhiyAn ** - kOlak
       karu mEnich * sengkaN mAl kaNpaDaiyuL * enRum
       thirumEni nI thINDap peRRu   19

2101   peRRAr thaLai kazhalap * pErndhu[7] Or kuRaL uruvAy *
       seRRAr paDi kaDandha sengkaN mAl ** - naRRA
       marai malarch sEvaDiyai * vAnavar kai kUppi *
       nirai malar koNDu * EththuvarAl[8] ninRu   20

---

[5] porudhiDaivu
[6] puL
[7] piRandhu
[8] EththuvArAm

2102   ninRu nilam angkai * nIr ERRu mUvaDiyAl *
senRu thisai aLandha sengkaN mARku ** - enRum
paDai Azhi puL Urdhi * pAmbaNaiyAn pAdham *
aDai Azhi nenjchE! aRi   21

2103   aRiyum ulagu ellAm * yAnEyum allEn *
poRi koL siRai uvaNam UrndhAy ** - veRi kamazhum
kAmbEy menthOLi kaDai veNNey uNDAyai *
thAmbE koNDu Arththa thazhumbu   22

2104   thazhumbu irundha sArngka nAN * thOyndhavAm angkai *
thazhumbu irundha thAL sagaDam sADi ** - thazhumbu irundha
pUngkOdhaiyAL veruvap * ponpeyarOn mArbu iDandha *
vIngku Odha vaNNar viral   23

2105   viralODu vAy thOyndha * veNNey kaNDu * Aychchi
uralODu uRap piNiththa nAnRu ** - kural OvAdhu
Engki ninaindhu * ayalAr kANa irundhilaiyE? *
Ongku Odha vaNNA! urai   24

2106   urai mEl koNDu * en uLLam OvAdhu * eppOdhum
varai mEl * maradhagamE pOla ** - thirai mEl
kiDandhAnaik * kINDAnai * kEzhalAyp bUmi
iDandhAnai * Eththi ezhum   25

2107   ezhuvAr viDai koLvAr * In thuzhAyAnai *
vazhuvA vagai ninaindhu vaigal - thozhuvAr **
vinaich chuDarai nandhuvikkum * vEngkaDamE * vAnOr
manach chuDaraith * thUNDum malai   26

2108   malaiyAl kuDai kaviththu * mA vAy piLandhu *
silaiyAl * marAmaram Ezh seRRu ** - kolai yAnaip
pOrk kODu osiththanavum * pUngkurundham sAyththanavum *
kArk kODu paRRiyAn kai   27

2109   kaiya valampuriyum nEmiyum * kAr vaNNaththu
aiya! * malarmagaL nin AgaththAL ** - seyya
maRaiyAn nin undhiyAn * mAmadhiL mUnRu eydha *
iRaiyAn * nin Agaththu iRai   28

2110   iRaiyum nilanum * iruvisumbum kARRum *
aRai punalum senthIyum AvAn ** - piRai maruppin
paingkaN mAl yAnai * paDu thuyaram kAththu aLiththa *
sengkaN mAl kaNDAy theLi   29

2111   theLidhu Aga * uLLaththaich chenniRli * njAnath
theLidhu Aga * nanguNarvAr sindhai ** - eLidhu Agath
thAy nADu kanRE pOl * thaN thuzhAyAn aDikkE[9] *
pOy nADik koLLum * purindhu   30

2112   puri oru kai paRRi * Or pon Azhi Endhi *
ari uruvum AL uruvum Agi ** - eri uruva
vaNNaththAn mArbu iDandha * mAl aDiyai allAl * maRRu
eNNath thAn AmO? imai   31

2113   imaiyAdha kaNNAl * iruL agala nOkki *
amaiyAp poRi pulankaL aindhum - namaiyAmal **
Agaththu aNaippAr * aNaivarE * Ayira vAy
nAgaththu aNaiyAn nagar   32

2114   nagaram aruL purindhu * nAnmugaRkup pU mEl *
pagara maRai payandha paNban ** - peyarinaiyE
pundhiyAl sindhiyAdhu * Odhi uru eNNum *
andhiyAlAm payan angken?   33

2115   en oruvar mey enbar * Ezh ulagu uNDu * Alilaiyil
mun oruvanAya * mugilvaNNA! ** - nin urugip
pEyth thAy mulai thandhAL * pErndhilaLAl * pEr amarkkaN
Ayth thAy * mulai thandha ARu!   34

2116   ARiya anbu il * aDiyAr tham ArvaththAl *
kURiya kuRRamAk koLLal nI - thERi **
neDiyOy! aDi * aDaidhaRkanRE * Iraindhu
muDiyAn paDaiththa muraN   35

2117   muraNa[10] vali * tholaidhaRku Am enRE[11] * munnam
tharaNi thanadhu Agath thAnE ** - iraNiyanaip
puN nirandha vaLLugirAl * pon Azhik kaiyAl * nI
maN irandhu * koNDa vagai   36

2118   vagai aRu nuN kELvi * vAyvArgaL * nALum
pugai viLakkum * pUmpunalum Endhi ** - thisai thisaiyin
vEdhiyargaL * senRu iRainjchum vEngkaDamE * veNsangkam
Udhiya vAy * mAl ugandha Ur   37

---

[9] aDiyE
[10] muraNai
[11] AmanRE

2119 Urum vari aravam * oN kuRavar mAl yAnai *
pEra eRindha * perumaNiyai ** - kAr uDaiya
min enRu * puRRu aDaiyum vEngkaDamE * mEla surar
em ennu[12] mAladhu iDam   38

2120 iDandhadhu bUmi * eDuththadhu kunRam *
kaDandhadhu kanjchanai mun anjcha ** - kiDandhadhuvum
nIr Odha mAkaDalE * ninRadhuvum vEngkaDamE *
pEr Odha vaNNar peridhu   39

2121 peru vil pagazhik * kuRavar kaich chenthI *
veruvip punam thuRandha vEzham ** - iruvisumbil
mIn vIzhak * kaNDu anjchum vEngkaDamE * mEl asurar
kOn vIzhak kaNDu ugandhAn kunRu   40

2122 kunRu anaiya kuRRam seyinum * guNam koLLum *
inRu mudhalAga en nenjchE! ** - enRum
puRan uraiyE Ayinum * pon Azhik kaiyAn *
thiRan uraiyE sindhiththiru   41

2123 thirumagaLum maNmagaLum * AymagaLum sErndhAl *
thirumagaTkE thIrndhavARu * en kol? ** - thirumagaL[13] mEl
pAl Odham sindhap * paDa nAgaNaik kiDandha *
mAl Odha vaNNar manam   42

2124 mana mAsu thIrum * aRuvinaiyum sArA *
dhanamAya thAnE[14] * kaikUDum ** - puna mEya
pUnthuzhAyAn aDikkE * pOthoDu nIr Endhi *
thAm thozhA niRpAr thamar   43

2125 thamar ugandhadhu evvuruvam * avvuruvam thAnE *
thamar ugandhadhu eppEr * maRRu appEr ** - thamar ugandhu
evvaNNam sindhiththu * imaiyAdhu irupparE *
avvaNNam AzhiyAnAm   44

2126 AmE amararkku aRiya? * adhu niRka *
nAmE aRikiRpOm nannenjchE! ** - pU mEya
mAdhavaththOn thAL paNindha * vAL arakkan nIL muDiyai *
pAdham aththAl eNNinAn paNbu   45

---

[12] emmenRa|ennenRa|ennennum
[13] thirumuga
[14] thAmE

2127 paN purindha nAnmaRaiyOn * sennip pali ERRa *
      veNpurinUl mArban vinai thIra ** - puN purindha
      AgaththAn * thAL paNivAr kaNDIr * amarar tham
      bOgaththAl[15] * bUmi ALvAr   46

2128 vAri surukki * madhak kaLiRu aindhinaiyum *
      sEri thiriyAmal * senniRIi ** - kUriya
      mey njAnaththAl * uNarvAr kANbarE * mEl oru nAL
      kainnAgam kAththAn kazhal   47

2129 kazhal onRu eDuththu * oru kai suRRi Or kai mEl *
      suzhalum surAsurargaL anjcha ** - azhalum
      seru Azhi EndhinAn * sEvaDikkE sella *
      maruvu Azhi nenjchE! magizh[16]   48

2130 magizh alagu onRE pOl * mARum pal yAkkai *
      negizha muyalkiRpArkku allAl ** - mugizh virindha
      sOdhi pOl thOnRum * suDar pon neDumuDi * em
      Adhi kANbArkkum aridhu   49

2131 ariya pulan aindhu aDakki * Aymalar koNDu * Arvam
      puriyap[17] * parisinAl pulgil ** - periyanAy
      mARRadhu vIRRirundha * mAvali pAl * vaNkai nIr
      ERRanaik * kANbadhu eLidhu   50

2132 eLidhil iraNDu aDiyum * kANbadhaRku * en uLLam
      theLiyath * theLindhu ozhiyum sevvE ** - kaLiyil
      porundhAdhavanaip * poral uRRu * ariyAy
      irundhAn * thirunAmam eN   51

2133 eNmar padhinoruvar * IraRuvar Oriruvar *
      vaNNa malar Endhi vaigalum ** - naNNi
      oru mAlaiyAl * paravi OvAdhu * eppOdhum
      thirumAlaik kai thozhuvar senRu   52

2134 ** senRAl kuDaiyAm * irundhAl singkAsanamAm *
      ninRAl maravaDiyAm * nIL kaDaluL ** - enRum
      puNaiyAm aNiviLakkAm[18] * pUmpaTTAm pulgum
      aNaiyAm * thirumARku aravu   53

_____

[15] bOgaththAr
[16] magizhndhu
[17] purindha
[18] maNiviLakkAm

2135   aravam aDal vEzham * An kurundham puL vAy *
        kuravai kuDa mulai maR kunRam ** - karavu inRi
        viTTu iRuththu mEyththu osiththuk * kINDu kOththADi * uNDu
        aTTu eDuththa sengkaN avan   54

2136   avan thamar * evvinaiyar Agilum * engkOn
        avan thamarE * enRu ozhivadhu allAl ** - naman thamarAl
        ArAyappaTTu * aRiyAr kaNDIr * aravaNai mEl
        pEr AyaRku ATpaTTAr pEr   55

2137   pErE varap * pidhaRRal allAl en pemmAnai *
        ArE aRivAr? adhu niRka ** - nErE
        kaDik kamalaththuL irundhum * kANgilAn * kaNNan
        aDikkamalam thannai * ayan   56

2138   ayal ninRa valvinaiyai * anjchinEn anjchi *
        uya nin thiruvaDiyE sErvAn ** - nayam ninRa
        nanmAlai koNDu * namO nAraNA ennum *
        sol mAlai kaRREn thozhudhu   57

2139   thozhudhu malar koNDu * thUbam kai Endhi *
        ezhudhum * ezhu vAzhi nenjchE! ** - pazhudhu inRi
        mandhirangkaL kaRpanavum * mAl aDiyE kai thozhuvAn *
        andharam onRu illai aDai   58

2140   aDaindha aruvinaiyODu * allal nOy pAvam *
        miDaindhavai mINDu ozhiya vENDil ** - nuDangku iDaiyai
        mun ilangkai vaiththAn * muraN azhiya * mun oru nAL
        than vil * angkai vaiththAn saraN   59

2141   saraNAm maRai payandha * thAmaraiyAnODu *
        maraN Aya mannuyirgaTku ellAm ** - araN Aya
        pEr Azhi koNDa * pirAn anRi maRRu aRiyAdhu *
        Or Azhi sUzhndha ulagu   60

2142   ulagum ulagu iRandha Uzhiyum * oNkEzh
        vilagu karungkaDalum veRpum ** - ulaginil
        senthIyum * mArudhamum vAnum * thirumAl than
        pundhiyil Aya puNarppu   61

2143   puNar marudhin UDu pOyp * pUngkurundham sAyththu *
        maNam maruva mAl viDai Ezh seRRu ** - kaNam veruva
        Ezhulagum thAyinavum * eNthisaiyum pOyinavum *
        sUzh aravap pongkaNaiyAn thOL   62

2144 thOL avanai allAl thozhA * en sevi iraNDum *
      kEL avanadhu * inmozhiyE kETTu irukkum ** - nA nALum
      kOL nAgaNaiyAn * kuraikazhalE kURuvadhE *
      nANAmai naLLEn nayam   63

2145 nayavEn piRar poruLai * naLLEn kIzhArODu *
      uyavEn uyarndhavarODu allAl ** - viyavEn
      thirumAlai alladhu * dheyvam enRu EththEn *
      varumARu en nam[19] mEl vinai?   64

2146 vinaiyAl aDarppaDAr * vennaragil sErAr *
      thinaiyEnum thIkkadhikkaN sellAr ** - ninaidhaRku
      ariyAnaich * sEyAnai * Ayiram pErch sengkaN
      kariyAnaik * kai thozhudhakkAl   65

2147 kAlai ezhundhu * ulagam kaRpanavum * kaRRu uNarndha
      mElaith thalai maRaiyOr * vETpanavum ** - vElaikkaN
      Or AzhiyAn aDiyE * Odhuvadhum Orppanavum *
      pEr Azhi koNDAn peyar   66

2148 peyarum karungkaDalE * nOkkum ARu * oNpU
      uyarum kadhiravanE nOkkum ** - uyirum
      tharumanaiyE nOkkum * oNthAmaraiyAL kELvan *
      oruvanaiyE nOkkum uNarvu   67

2149 uNarvAr Ar un perumai? * Uzhi thORUzhi *
      uNarvAr Ar un uruvam thannai? ** - uNarvAr Ar
      viNNagaththAy! maNNagaththAy! * vEngkaDaththAy! * nAlvEdhap
      paNNagaththAy! * nI kiDandha pAl?   68

2150 pAlan thanadhu uruvAy * Ezhulagu uNDu * Alilaiyin
      mEl anRu * nI vaLarndha mey enbar ** - Al anRu
      vElai nIr uLLadhO? * viNNadhO? maNNadhO? *
      sOlai sUzh kunRu eDuththAy! * sollu[20]   69

2151 sollunthanaiyum * thozhumin vizhum uDambu *
      sellunthanaiyum thirumAlai ** - nallidhazhth
      thAmaththAl vELviyAl * thandhiraththAl mandhiraththAl *
      nAmaththAl EththudhirEl nanRu   70

_____

[19] en
[20] sol

18

2152   nanRu piNi mUppuk * kai agaRRi nAnku Uzhi *
ninRu nila muzhudhum * ANDAlum ** - enRum
viDal Azhi nenjchamE! * vENDinEn kaNDAy *
aDal Azhi koNDAn mATTu anbu   71

2153   anbu AzhiyAnai * aNugu ennum * nA avan than
paNbu Azhith thOL paravi Eththu ennum ** - munbu Uzhi
kANAnaik kAN ennum kaN * sevi kEL ennum *
pUN Aram pUNDAn pugazh   72

2154   pugazhvAy pazhippAy nI * pUnthuzhAyAnai *
igazhvAy karudhuvAy nenjchE! 21 ** - thigazh nIrk
kaDalum malaiyum * iruvisumbum kARRum *
uDalum uyirum ERRAn   73

2155   ERRAn puL UrndhAn * eyil eriththAn mArvu iDandhAn *
nIRRAn nizhal maNivaNNaththAn ** - kURRoru pAl
mangkaiyAn * pUmagaLAn vArsaDaiyAn * nILmuDiyAn
gangkaiyAn * nILkazhalAn kAppu   74

2156   kAppu unnai unnak * kazhiyum * aruvinaigaL
Appu unnai unna * avizhndhu ozhiyum ** - mUppu unnaich
sindhippArkku illai * thirumAlE! * nin aDiyai
vandhippAr * kANbar vazhi   75

2157   vazhi ninRu * ninnaith thozhuvAr * vazhuvA
mozhi ninRa * mUrththiyarE Avar ** - pazhudhu onRum
vArAdha vaNNamE * viN koDukkum * maN aLandha
sIrAn thiruvEngkaDam   76

2158   vEngkaDamum * viNNagarum veqkAvum * aqkAtha
pUngkiDangkin * nILkOval ponnagarum ** - nAnku iDaththum
ninRAn irundhAn * kiDandhAn naDandhAnE *
enRAl keDumAm iDar   77

2159   iDar Ar paDuvAr? * ezhu nenjchE * vEzham
thoDar vAn * koDu mudhalai sUzhndha ** - paDam uDaiya
painnAgap paLLiyAn * pAdhamE kai thozhudhum *
koynnAgap pUmpOdhu koNDu   78

---

21 en nenjchE

2160 koNDAnai allAl * koDuththArai yAr pazhippAr? *
   maN thA ena irandhu * mAvaliyai ** - oN thArai
   nIr angkai thOya * nimirndhilaiyE? * nILvisumbil
   Ar angkai thOya aDuththu   79

2161 aDuththa kaDum pagainjaRku * ARREn enRu ODi *
   paDuththa perum pAzhi sUzhndha - viDaththu aravai **
   vallALan kaikkoDuththa * mAmEni mAyavanukku *
   allAdhum AvarO AL?   80

2162 AL amar venRi * aDukaLaththuL anjnjAnRu *
   vAL amar vENDi varai naTTu ** - nIL aravaich
   suRRik kaDaindhAn * peyar anRE? * thol naragaip
   paRRik kaDaththum paDai   81

2163 paDai Arum vATkaNNAr * pArasi nAL * paimpUn
   thoDaiyalODu * Endhiya dhUpam ** - iDai iDaiyil
   mIn mAya * mAsUNum vEngkaDamE * mEl oru nAL
   mAn mAya eydhAn varai   82

2164 varai kuDai thOL kAmbAga * Anirai kAththu * Ayar
   nirai viDai Ezh seRRa ARu ennE! ** - uravuDaiya
   nIr AzhiyuL kiDandhu * nErA nisAsarar mEl *
   pEr Azhi koNDa pirAn!   83

2165 pirAn! un perumai * piRar Ar aRivAr? *
   urAy ulagu aLandha njAnRu ** - varAgaththu
   eyiRRu aLavu * pOdhA ARu en kolO? * endhai
   aDikku aLavu pOndha paDi   84

2166 paDi kaNDu aRidhiyE? * pAmbaNaiyinAn * puL
   koDi kaNDu aRidhiyE? * kURAy ** - vaDiviR
   poRi aindhum uL aDakkip * pOdhoDu nIr Endhi *
   neRi ninRa nenjchamE! nI   85

2167 nIyum thirumagaLum * ninRAyAl * kunRu eDuththup
   pAyum * pani maRaiththa[22] paNbALA ** - vAsal[23]
   kaDai kazhiyA uL pugAk * kAmar pUngkOval *
   iDaikazhiyE paRRi ini   86

---

[22] maRuththa
[23] vAyil

2168   ini Ar puguvAr * ezhu naraga vAsal? *
muniyAdhu mUrith thAL kOmin ** - kani sAyak
kanRu eRindha thOLAn * kanai kazhalE kANbadhaRku *
nanku aRindha nAval am sUzh nADu   87

2169   nADilum * nin aDiyE nADuvan * nAL thORum
pADilum * nin pugazhE pADuvan ** - sUDilum
pon Azhi EndhinAn * pon aDiyE sUDuvERku *
en Agil ennE enakku?   88

2170   enakku AvAr * Ar oruvarE! * emperumAn
thanakku AvAn * thAnE maRRu allAl ** - punak kAyam
pUmEni kANap * podhi avizhum pUvaip pU *
mAmEni kATTum varam   89

2171   varaththAl vali ninaindhu * mAdhava! nin pAdham *
siraththAl vaNangkAnAm enRE? [24] ** - uraththinAl
Ir ariyAy * nEr valiyOnAya iraNiyanai *
Or ariyAy nI iDandhadhu Un   90

2172   Unak kurambaiyin * uL pukku iruL nIkki *
njAnach chuDar koLli * nAL thORum ** - Enaththu
uruvAy ulagu iDandha * UzhiyAn pAdham *
maruvAdhArkku uNDAmO vAn?   91

2173   vAnAgith thIyAy * maRikaDalAy mArudhamAy *
thEnAgip pAlAm * thirumAlE! ** - An Aychchi
veNNey vizhungka * niRaiyumE? * mun oru nAL
maNNai umizhndha vayiRu   92

2174   vayiRu azhala vAL uruvi * vandhAnai anjcha *
eyiRu ilaga vAy maDiththadhu en nI? ** - poRi ugirAl
pU vaDivai IDu azhiththa pon Azhik kaiyA! * nin
sEvaDi mEl IDu azhiyach seRRu   93

2175   seRRu ezhundhu thI vizhiththhuch * chenRa indha Ezhulagum *
maRRu ivai AvenRu[25] * vAy angkAndhu ** - muRRum
maRaiyavaRkuk[26] kATTiya * mAyavanai allAl *
iRaiyEnum EththAdhu en nA   94

---

[24] ennE!
[25] AmenRu
[26] maRaiyavarkku

2176   nA vAyil uNDE * namO nAraNA enRu *
OvAdhu uraikkum urai uNDE ** - mUvAdha
mAk kadhikkaN sellum * vagai uNDE * en oruvar
thIk kadhikkaN sellum thiRam?   95

2177   thiRambAdhu en nenjchamE! * sengkaN mAl kaNDAy *
aRam pAvam enRu iraNDum AvAn ** - puRam thAn im
maN thAn * maRikaDal thAn mArudham thAn * vAn thAnE
kaNDAy * kaDaikkaTpiDi   96

2178   piDi sEr * kaLiRu aLiththa pErALA! * undhan
aDi sErndhu aruL peRRAL anRE ** - poDi sEr
anaRku angkai ERRAn * avir saDai mEl pAyndha *
punaR gangkai ennum pErp pon   97

2179   pon thigazhu mEnip * puri saDai ampuNNiyanum *
ninRu ulagam thAya neDumAlum ** - enRum
iruvar angkaththAl * thirivarElum * oruvan
oruvan angkaththu enRum uLan   98

2180   ** uLan kaNDAy nannenjchE! * uththaman enRum
uLan kaNDAy * uLLuvAr uLLaththu - uLan kaNDAy **
veLLaththin uLLAnum * vEngkaDaththu mEyAnum *
uLLaththin uLLAn enRu Or   99

2181   ** Or aDiyum sADu udhaiththa * oNmalarch sEvaDiyum *
Ir aDiyum kANalAm * en nenjchE! ** - Or aDiyin
thAyavanaik kEsavanaith * thaNthuzhAy mAlai sEr *
mAyavanaiyE manaththu vai   100

dhasaka aDivaravu: vaiyam vAy ninRu puri kunRu eLidhil ulagum nanRu
AL Un anbu

poygaiyAzhvAr thiruvaDigaLE sharaNam

Bhoothaththazhvar

Avataram	
Month	Aippasi
Star	Avittam
Place	Thirukkadalamallai (Mahabalipuram)
Amsam	Gadha
Divya Prabandham	
Irandam Thiruvandhadhi	

bUthaththAzhvAr aruLich cheydha
iraNDAm thiruvandhAdhi

---

thaniyan
thirukkurugaippirAn piLLAn aruLich cheydhadhu
(nErisai veNpA)

en piRavi thIra iRainjchinEn * innamudhA *
anbE thagaLi aLiththAnai * - nanpugazh sEr
sIdhaththAr muththukkaL sErum * kaDal mallaip
bUthaththAr pon angkazhal

---

bUthaththAzhvAr aruLich seydha
iraNDAm thiruvandhAdhi

2182 ** anbE thagaLiyA * ArvamE ney Aga *
inbu urugu sindhai iDu thiriyA ** - nanbu urugi
njAnach chuDar viLakku ERRinEn * nAraNaRku *
njAnath thamizh purindha nAn   1

2183 njAnaththAl nanku uNarndhu * nAraNan than nAmangkaL *
dhAnaththAl maRRu avan pEr sARRinAl ** - vAnaththu
aNi amarar * Akkuvikkum aqdhanRE * nangkaL
paNi amarar kOmAn parisu   2

2184 parisu naRumalarAl * pARkaDalAn pAdham *
purivAr pugap peRuvar pOlAm ** - purivArgaL
thollamarar kELvith * thulangku oLi sEr thORRaththu *
nallamarar kOmAn nagar   3

2185 nagar izhaiththu niththilaththu * nANmalar koNDu * AngkE
thigazhu maNi vayiram sErththu ** - nigar illAp
paingkamalam Endhip * paNindhEn panimalarAL *
angkam valam koNDAn aDi   4

2186 aDi mUnRil ivvulagam * anRu aLandhAy pOlum *
aDi mUnRu irandhu avani koNDAy ** - paDi ninRa
nIr Odha mEni * neDumAlE! * nin aDiyai
yAr Odha vallAr aRindhu?   5

2187 aRindhu aindhum uL aDakki * Aymalar koNDu * Arvam
seRindha manaththarAych sevvE ** - aRindhu avan than
pEr Odhi Eththum * perunthavaththOr kANbarE *
kAr Odha vaNNan kazhal   6

2188 kazhal eDuththu vAy maDiththuk * kaN suzhanRu[27] * mARRAr
azhal eDuththa * sindhaiyarAy anjcha ** - thazhal eDuththa
pOr Azhi EndhinAn * pon malarch sEvaDiyai[28] *
Or Azhi nenjchE! ugandhu   7

2189 ugandhu unnai vAngki * oLi niRangkoL kongkai *
agam kuLira uN enRAL Avi ** - ugandhu
mulai uNbAy pOlE * munindhu uNDAy * nIyum
alai paNbAl[29] AnamaiyAl anRu   8

2190 anRu adhu kaNDu anjchAdha * Aychchi unakku irangki *
ninRu mulai thandha * innIrmaikku ** - anRu
varan muRaiyAl nI aLandha * mAkaDal sUzh njAlam *
perumuRaiyAl eydhumO pErththu?   9

2191 pErththanai * mA sagaDam piLLaiyAy * maN irandhu
kAththanai * palluyirum kAvalanE! ** - Eththiya
nA uDaiyEn pU uDaiyEn * nin uLLi ninRamaiyAl *
kA aDiyEn paTTa kaDai   10

2192 kaDai ninRu amarar * kazhal thozhudhu ** nALum
iDai ninRa * inbaththar Avar ** - puDai ninRa
nIr Odha mEni * neDumAlE! * nin aDiyai
yAr Odha vallAr avar?   11

2193 avar ivar enRu illai * aravaNaiyAn pAdham *
evar vaNangki * EththAdhAr eNNil ** - pavarum
sezhungkadhirOn oNmalarOn * kaN nudhalOn anRE? *
thozhum thagaiyAr * nALum thoDarndhu   12

2194 thoDar eDuththa mAl yAnai * sUzh kayam pukku anjchi *
paDar eDuththa paingkamalam koNDu ** - anRu iDar aDukka
AzhiyAn * pAdham paNindhanRE? * vAnavar kOn
pAzhi thAn * eydhiRRup paNDu   13

_____

[27] suzhanRa
[28] sEvaDiyE
[29] paNbAy

25

2195   paNDu ipperum padhiyai Akki * pazhi pAvam
          koNDu * ingku vAzhvAraik kURAdhE ** - eNthisaiyum
          pErththa karam nAnku uDaiyAn * pEr Odhip pEdhaigAL! *
          thIrththakarar Amin thirindhu   14

2196   thirindhadhu venjchamaththuth * thEr kaDavi * anRu
          pirindhadhu * sIthaiyai mAn pin pOy ** - purindhadhuvum
          kaN paLLi koLLa * azhagiyadhE! * nAgaththin
          thaNpaLLi koLvAn thanakku   15

2197   thanakku aDimai paTTadhu * thAn aRiyAnElum *
          manaththu aDaiya * vaippadhAm mAlai ** - vanath thiDarai
          EriyAm vaNNam * iyaRRum idhu allAl *
          mAri yAr peygiRpAr maRRu?   16

2198   maRRu Ar iyal Avar? * vAnavar kOn mAmalarOn *
          suRRum vaNangkum thozhilAnai ** - oRRaip
          piRai irundha * senjchaDaiyAn pin senRu * mAlaik
          kuRai irandhu * thAn muDiththAn koNDu   17

2199   koNDadhu ulagam * kuRaL uruvAyk kOL ariyAy *
          oNthiRalOn mArvaththu ugir vaiththadhu ** - uNDadhuvum
          thAn kaDantha Ezh ulagE * thAmaraikkaN mAl oru nAL *
          vAn kaDandhAn seydha vazhakku   18

2200   vazhakku anRu kaNDAy * vali sagaDam seRRAy *
          vazhakku enRu nI madhikka vENDA ** - kuzhak kanRu
          thI viLavin kAykku eRindha * thImai thirumAlE! *
          pAr viLangkach seydhAy pazhi   19

2201   pazhi pAvam kai agaRRip * palkAlum ninnai *
          vazhi vAzhvAr * vAzhvarAm mAdhO ** - vazhu inRi
          nAraNan than nAmangkaL * nanku uNarndhu nanku Eththum *
          kAraNangkaL[30] thAm uDaiyAr thAm   20

2202   thAm uLarE * tham uLLam uL uLadhE * thAmaraiyin
          pU uLadhE * Eththum pozhudhu uNDE ** - vAman
          thiru maruvu * thAL maruvu senniyarE * sevvE
          arunaragam sErvadhu aridhu   21

---

[30] thAraNangkaL

2203 ariyadhu eLidhu Agum * ARRalAl mARRi *
      peruga muyalvAraip peRRAl ** - kariyadhu Or
      veNkOTTu mAl yAnai * venRi[31] muDiththanRE *
      thaNkOTTu[32] mA malarAl thAzhndhu   22

2204 thAzhndhu varam koNDu * thakka vagaigaLAl *
      vAzhndhu kazhivArai * vAzhvikkum ** - thAzhndha
      viLangkanikkuk * kanRu eRindhu vERRu uruvAy * njAlam
      aLandhu aDik kIzhk koNDa avan   23

2205 avan kaNDAy nannenjchE! * Ar aruLum kEDum *
      avan kaNDAy * aimpulanAy ninRAn ** - avan kaNDAy
      kARRuth thI nIr vAn * karuvarai maN kAr Odha *
      sIRRath thI AvAnum senRu   24

2206 senRadhu ilangkai mEl * sevvE than sIRRaththAl *
      konRadhu irAvaNanaik kURungkAl ** - ninRadhuvum
      vEy Ongku thaN sAral * vEngkaDamE * viNNavar tham
      vAy Ongku thol pugazhAn vandhu   25

2207 vandhiththu avanai * vazhi ninRa aimpUdham *
      aindhum agaththu aDakki * ArvamAy ** - undhip
      paDi amarar vElaiyAn * paNDu amararkku Indha *
      paDi amarar vAzhum padhi   26

2208 padhi amaindhu nADip * paruththu ezhundha sindhai *
      madhi urinjchi vAn mugaDu nOkki ** - kadhi[33] miguththu am
      kOl thEDi ODum * kozhundhu adhE pOnRadhE *
      mAl thEDi ODum manam   27

2209 manaththu uLLAn vEngkaDaththAn * mA kaDalAn * maRRum
      ninaippariya * nIL arangkaththu uLLAn ** - enaip palarum
      dhEvAdhi dhEvan * enappaDuvAn * mun oru nAL
      mA vAy piLandha magan   28

2210 magan Agak koNDu eDuththAL * mANbu Aya kongkai *
      agan Ara uNban enRu uNDu ** - maganaith thAy
      thERAdha vaNNam * thiruththinAy * then ilangkai
      nIR Aga eydhu azhiththAy! nI   29

---

[31] venRu
[32] thaNthOTTu
[33] kadhir

2211 nI anRu ulagu aLandhAy * nINDa thirumAlE! *
      nI anRu ulagu iDandhAy enbarAl ** - nI anRu
      kAr Odham mun kaDaindhu * pin aDaiththAy mA kaDalai *
      pEr Odha mEnip pirAn!   30

2212 pirAn enRu nALum * perum pulari enRum *
      kurA nal sezhum pOdhu koNDu ** - varAgaththu
      aNi uruvan * pAdham paNiyum avar kaNDIr *
      maNi uruvam kANbAr magizhndhu   31

2213 magizhndhadhu sindhai * thirumAlE! * maRRum
      magizhndhadhu * un pAdhamE pORRi ** - magizhndhadhu
      azhal Azhi sangkam * avai pADi ADum *
      thozhil Agam * sUzhndhu thuNindhu   32

2214 thuNindhadhu sindhai * thuzhAy alangkal * angkam
      aNindhavan pEr * uLLaththup palkAl ** - paNindhadhuvum
      vEy piRangku sAral * viRal vEngkaDavanaiyE *
      vAy thiRangkaL sollum vagai   33

2215 vagaiyAl avani * irandhu aLandhAy pAdham *
      pugaiyAl naRumalarAl munnE ** - miga vAyndha
      anbu Akki Eththi * aDimaip paTTEn unakku *
      en bAkkiyaththAl ini   34

2216 inidhu enbar kAmam * adhanilum ARRa *
      inidhu enbar * thaNNIrum endhAy! ** - inidhu enRu
      kAma nIr vELAdhu * nin perumai vETparEl *
      sEma nIr Agum siRidhu   35

2217 siRiyAr perumai * siRidhin kaN eydhum *
      aRiyArum * thAm aRiyAr Avar ** - aRiyAmai
      maN koNDu maN uNDu * maN umizhndha mAyan enRu *
      eN koNDu en nenjchE! iru   36

2218 irunthaN kamalaththu * irumalarin uLLE *
      thirundhu thisaimuganaith thandhAy! ** - porundhiya nin
      pAdhangkaL Eththip * paNiyAvEl * pal piRappum
      EdhangkaL ellAm emakku   37

28

2219 emakku enRu iru nidhiyam * EmAndhu irAdhE *
thamakku enRum * sArvam aRindhu[34] ** - namakku enRum
mAdhavanE ennum * manam paDaiththu * maRRavan pEr
OdhuvadhE * nAvinAl Oththu   38

2220 Oththin poruL muDivum * iththanaiyE * uththaman pEr
Eththum * thiRam aRimin EzhaigAL! ** - Oththu adhanai
vallIrEl * nanRu adhanai mATTIrEl * mAdhavan pEr
solluvadhE * Oththin surukku   39

2221 surukkAga vAngkich * sulAvi ninRu * aiyAr
nerukkA mun * nIr ninaimin kaNDIr ** - thirup polindha
AgaththAn * pAdham aRindhum aRiyAdha *
bOgaththAl illai poruL   40

2222 poruLAl amar ulagam * pukku iyalal AgAdhu *
aruLAl[35] aRam aruLum anRE? ** - aruLAlE
mA maRaiyOrkku Indha * maNivaNNan pAdhamE *
nI maRavEl nenjchE! ninai   41

2223 ninaippan thirumAlai * nINDa thOL kANa *
ninaippAr piRappu onRum[36] nErAr ** - manaippAl
piRandhAr piRandhu eydhum * pEr inbam ellAm *
thuRandhAr thozhudhAr aththOL   42

2224 thOL iraNDu eTTu Ezhum * mUnRum muDi anaiththum *
thAL iraNDum vIzhach * saram thurandhAn - thAL iraNDum **
Ar thozhuvAr * pAdham avai thozhuvadhu anRE? * en
sIr kezhu thOL * seyyum siRappu   43

2225 siRandhArkku ezhu thuNaiyAm * sengkaN mAl nAmam *
maRandhArai mAniDamA vaiyEn ** - aRam thAngkum
mAdhavanE! ennum * manam paDaiththu * maRRu avan pEr
OdhuvadhE * nAvinAl uLLu   44

2226 uLadhu enRu iRumAvAr * uNDu illai enRu *
thaLardhal adhan arugum sArAr ** - aLavu ariya
vEdhaththAn vEngkaDaththAn * viNNOr muDi thOyum *
pAdhaththAn * pAdham payinRu   45

---

[34] sArvu enRaRindhu
[35] aruLAn/aruLAL
[36] enRum

2227 payinRadhu arangkam * thirukkOTTi * pannAL
      payinRadhuvum * vEngkaDamE ** pannAL - payinRadhu
      aNi thigazhum sOlai * aNi nIrmalaiyE *
      maNi thigazhum vaNthaDakkai mAl   46

2228 mAlai ari uruvan * pAdha malar aNindhu *
      kAlai thozhudhu ezhumin * kai kOli ** - njAlam
      aLandhu iDandhu uNDu umizhndha * aNNalai maRRu allAl[37] *
      uLam kiDandha ARRAl uNarndhu   47

2229 uNarndhAy maRai nAngum * OdhinAy nIdhi *
      maNandhAy malarmagaL thOL mAlE! ** - maNandhAy pOy
      vEy irunjchAral * viyal iru njAlam sUzh *
      mAy irunjchOlai malai   48

2230 malai Ezhum * mAnilangkaL Ezhum adhira *
      kulai sUzh * kurai kaDalgaL Ezhum ** - mulai sUzhndha
      nanjchu uraththup peNNai * navinRu uNDa nAvan enRu *
      anjchAdhu en nenjchE! azhai   49

2231 azhaippan thirumAlai * Angku avargaL sonna *
      pizhaippu il * perum peyarE pEsi ** - izhaippu ariya
      AyavanE! yAdhavanE! * enRu avanai yAr mugappum *
      mAyavanE! enRu madhiththu   50

2232 madhik kaNDAy nenjchE! * maNivaNNan pAdham *
      madhik kaNDAy * maRRu avan pEr thannai ** - madhik kaNDAy
      pEr Azhi ninRu * peyarndhu kaDal kaDaindha *
      nIr Azhi vaNNan niRam   51

2233 niRam kariyan * seyya neDumalarAL mArvan *
      aRam periyan Ar adhu aRivAr? ** - maRam purindha
      vAL arakkan pOlvAnai * vAnavar kOn dhAnaththu *
      nIL irukkaikku uyththAn neRi   52

2234 neRiyAr kuzhal kaRRai * mun ninRu pin thAzhndhu *
      aRiyAdhu iLangkiri enRu eNNi ** - piRiyAdhu
      pUngkoDikkaL vaigum * poru punal kunRu enRum *
      vEngkaDamE * yAm virumbum vеRpu   53

---

[37] ellAm

2235   veRpu enRu irunjchOlai * vEngkaDam enRa ivviraNDum *
       niRpu enRu * nI madhikkum nIrmai pOl ** - niRpu enRu
       uLangkOyil * uLLam vaiththu uLLinEn * veLLaththu
       iLangkOyil * kaiviDEl enRu   54

2236   enRum maRandhaRiyEn * Ezh piRappum eppozhudhum *
       ninRu ninaippu ozhiyA * nIrmaiyAl ** - venRi
       aDal Azhi koNDa * aRivanE! * inbak
       kaDal Azhi * nI aruLik kAN   55

2237   kANak kazhi kAdhal * kaimikkuk kATTinAl *
       nANappaDum enRAl nANumE? ** - pENik
       karu mAlaip * pon mEni kATTA mun kATTum *
       thirumAlai * nangkaL thiru   56

2238   thirumangkai ninRaruLum dheyvam * nA vAzhththum *
       karumam * kaDaippiDimin kaNDIr ** - urimaiyAl
       EththinOm pAdham * irunthaDakkai endhai pEr *
       nAl thisaiyum kETTIrE? nAm   57

2239   nAm peRRa nanmaiyum * nA mangkai nannenjchaththu *
       Ombi irundhu emmai Odhuviththu ** - vEmbin
       poruL nIrmai Ayinum * pon Azhi pADu enRu *
       aruL nIrmai thandha aruL   58

2240   aruL purindha sindhai * aDiyAr mEl vaiththu *
       poruL therindhu kANkuRRa * appOdhu ** - iruL thirindhu[38]
       nOkkinEn nOkki * ninaindhEn adhu oNkamalam *
       OkkinEn * ennaiyum angku Orndhu   59

2241   Or uruvan allai * oLi uruvam nin uruvam *
       Ir uruvan enbar * iru nilaththOr ** - Or uruvam
       AdhiyAm vaNNam * aRindhAr avar kaNDIr *
       nIdhiyAl * maN kAppAr ninRu   60

2242   ninRadhu Or pAdham * nilam pudhaippa * nINDa thOL
       senRu aLandhadhu enbar * thisai ellAm ** - anRu
       karumANiyAy irandha kaLvanE! * unnaip
       piramANiththAr peRRa pERu!   61

---

[38] irindhu

2243   pERu onRu mun aRiyEn * peRRu aRiyEn pEdhaimaiyAl *
mARu enRu solli * vaNangkinEn ** - ERin
peruththa eruththam kODu osiyap * peN nasaiyin pin pOy *
eruththu iRuththa nal Ayar ERu   62

2244   ERu Ezhum * venRu aDarththa endhai * eri uruvaththu
ERu ERi * paTTa viDu sAbam ** - pARu ERi
uNDa thalai vAy niRaiyak * kOTTu angkai oN kurudhi *
kaNDa poruL sollin[39] kadhai   63

2245   kadhaiyin[40] perum poruLum * kaNNA! * nin pErE
idhayam irundhavaiyE Eththil ** - kadhaiyum[41]
thirumozhiyAy * ninRa thirumAlE! * unnaip
parumozhiyAl kANap paNi   64

2246   paNindhEn thirumEni * paingkamalam kaiyAl *
aNindhEn un sEvaDi mEl * anbAy ** - thuNindhEn
purindhu Eththi * unnaip pugal iDam pArththu * AngkE
irundhu Eththi vAzhum idhu   65

2247   idhu kaNDAy nannenjchE! * ippiRavi Avadhu *
idhu kaNDAy * ellAm nAm uRRadhu ** - idhu kaNDAy
nAraNan pEr Odhi * naragaththu arugu aNaiyA *
kAraNamum vallaiyEl kAN   66

2248   kaNDEn thirumEni * yAn kanavil * Angku avan kaik
kaNDEn * kanalum suDar Azhi - kaNDEn **
uRu nOy vinai iraNDum * OTTuviththu * pinnum
maRu nOy seRuvAn vali   67

2249   vali mikka vAL eyiRRu * vAL avuNar mALa *
vali mikka * vAL varai maththAga ** - vali mikka
vAL nAgam suRRi * maRugak kaDal kaDaindhAn *
kOL nAgam kombu osiththa kO   68

2250   kO Agi * mA nilam kAththu * nangkaN mugappE
mA Egich selginRa * mannavarum ** - pU mEvum[42]
sengkamala nAbiyAn * sEvaDikkE Ezh piRappum *
thaNkamalam EyndhAr thamar   69

---

[39] sollil
[40] kadhaiyum
[41] kadhaiyin
[42] vErum

2251   thamar uLLam thanjchai * thalai arangkam thaNkAl *
thamar uLLum thaNporuppu vElai ** - thamar uLLum
mA mallai kOval * madhiL kuDandhai enbarE *
Evalla endhaikku iDam   70

2252   iDangkai * valampuri ninRu Arppa * eri kAnRu
aDangkAr * oDungkuviththadhu Azhi ** - viDangkAlum
thI vAy aravaNai mEl * thOnRal thisai aLappAn *
pUvAr aDi * nimirththa pOdhu   71

2253   pOdhu aRindhu vAnarangkaL * pUnjchunai pukku * Angku alarndha
pOdhu arindhu koNDu Eththum ** pOdhu uLLam! - pOdhu
maNi[43] vEngkaDavan * malar aDikkE sella *
aNi vEngkaDavan pEr Ayndhu   72

2254   Ayndhu uraippan Ayiram pEr * Adhi naDu andhivAy *
vAyndha malar thUvi vaigalum ** - Eyndha
piRaik kOTTuch * sengkaN kari viDuththa pemmAn *
iRaikku ATpaDath thuNindha yAn   73

2255   yAnE thavam seydhEn * Ezh piRappum eppozhudhum *
yAnE thavam uDaiyEn * emperumAn! ** - yAnE
irunthamizh nanmAlai * iNai aDikkE sonnEn *
perunthamizhan nallEn peridhu   74

2256   perugu madha vEzham * mAppiDikku mun ninRu *
irukaN iLamUngkil vAngki ** - arugu irundha
thEn kalandhu nITTum * thiruvEngkaDam kaNDIr *
vAn kalandha vaNNan varai   75

2257   varaich chandhanak kuzhambum * vAn kalanum paTTum *
viraip polindha * veNmalligaiyum - niraiththuk koNDu **
AdhikkaN ninRa * aRivan aDi iNaiyE *
Odhip paNivadhu uRum   76

2258   uRungkaNDAy nannenjchE! * uththaman naRpAdham *
uRungkaNDAy * oNkamalam thannAl ** - uRungkaNDAy
Eththip paNindhu avan pEr * IrainjnjURu eppozhudhum *
sArththi[44] uraiththal thavam   77

---

[43] aNi
[44] sARRi

2259   thavam seydhu * nAnmuganE peRRAn * tharaNi
        nivandhu[45] aLappa * nITTiya poRpAdham ** - sivandha than
        kai anaiththum * Arak kazhuvinAn * gangkai nIr
        peydhu anaiththup pEr mozhindhu pin   78

2260   pin ninRu * thAy irappak kELAn * perum paNaiththOL
        mun ninRu * thAn irappAL moymmalarAL ** - sol ninRa
        thOL nalanthAn * nEr illAth thOnRal * avan aLandha
        nIL nilam thAn aththanaikkum nEr   79

2261   nErndhEn aDimai * ninaindhEn adhu oNkamalam *
        ArndhEn un sEvaDi mEl anbAy ** - Arndha
        aDik kOlam * kaNDavarkku en kolO? * munnaip
        paDik kOlam kaNDa pagal   80

2262   pagal kaNDEn * nAraNanaik kaNDEn * kanavil
        migak kaNDEn * mINDu avanai meyyE - migak kaNDEn **
        Un thigazhum nEmi * oLi thigazhum sEvaDiyAn *
        vAn thigazhum * sOdhi vaDivu   81

2263   vaDik kOla vAL neDungkaN * mA malarAL * sevvip
        paDik kOlam kaNDu * agalAL pal nAL ** - aDikkOli
        njAlaththAL * pinnum nalam purindhadhu en kolO? *
        kOlaththAl illai kuRai   82

2264   kuRai Aga venjchoRkaL * kURinEn kURi *
        maRai Angku ena uraiththa mAlai ** - iRaiyEnum
        Iyungkol! enRE * irundhEn enaip pagalum *
        mAyan kaN senRa varam   83

2265   varam karudhith thannai * vaNangkAdha vanmai *
        uram karudhi mUrkkaththavanai ** - naram kalandha
        singkamAyk kINDa * thiruvan aDi iNaiyE *
        angkaN mA njAlaththu amudhu   84

2266   amudhu enRum thEn enRum * AzhiyAn enRum *
        amudhu anRu koNDu ugandhAn enRum ** - amudhu anna
        sol mAlai Eththith * thozhudhEn solappaTTa *
        nanmAlai Eththi navinRu   85

---

[45] nivarndhu

2267 navinRu uraiththa nAvalargaL * nANmalar koNDu * AngkE
payinRu adhanAl * peRRa payan en kol? ** - payinRAr tham
meyththavaththAl * kANbariya mEga maNivaNNanai * yAn
eththavaththAl kANban kol inRu?   86

2268 inRA aRiginREn allEn * irunilaththaich
senRu Angku aLandha * thiruvaDiyai ** - anRu
karuk kOTTiyuL kiDandhu * kai thozhudhEn kaNDEn *
thirukkOTTi endhai thiRam   87

2269 thiRambiRRu ini aRindhEn * thennarangkaththu endhai *
thiRambA vazhi senRArkku allAl ** - thiRambAch
seDi naragai nIkkith * thAm selvadhan mun * vAnOr
kaDi nagara vAsal kadhavu   88

2270 kadhavik kadham siRandha[46] * kanjchanai mun kAyndhu *
adhavip pOr yAnai osiththu ** - padhaviyAyp
pANiyAl nIr ERRup * paNDu orukAl mAvaliyai *
mANiyAyk koNDilaiyE maN?   89

2271 maN ulagam ALEnE? * vAnavarkkum vAnavanAy *
viN ulagam than agaththu mEvEnE? ** - naNNith
thirumAlaich * sengkaN neDiyAnai * engkaL
perumAnaik * kai thozhudha pin   90

2272 pinnAl arunaragam * sErAmal pEdhuRuvIr *
munnAl vaNangka muyanminO ** - pal nUl
aLandhAnaik * kARkkaDal[47] sUzh njAlaththai * ellAm
aLandhAn avan sEvaDi   91

2273 aDiyAl * mun kanjchanaich seRRu * amarar Eththum
paDiyAn * koDi mEl puL koNDAn ** - neDiyAn than
nAmamE * EththumingaL EththinAl * thAm vENDum
kAmamE * kATTum kaDidhu   92

2274 kaDidhu koDu naragam * piRkAlum seygai *
koDidhu enRu * adhu[48] kUDA munnam ** - vaDi sangkam
koNDAnaik * kUndhal vAy kINDAnai * kongkai nanjchu
uNDAnai EththuminO uRRu   93

---

[46] siRandhu
[47] aLandhAn ikkArkkaDal
[48] avai

2275   uRRu vaNangkith thozhumin * ulagu Ezhum
       muRRum vizhungkum * mugilvaNNan ** - paRRip
       porundhAdhAn mArbu iDandhu * pUmpADagaththuL
       irundhAnai * Eththum en nenjchu   94

2276   ennenjcha mEyAn * en senniyAn * dhAnavanai
       vannenjcham kINDa * maNivaNNan ** - munnam sEy
       UzhiyAn * Uzhi peyarththAn * ulagu Eththum
       AzhiyAn * aththiyUrAn   95

2277   ** aththiyUrAn * puLLai UrvAn * aNimaNiyin
       thuththi sEr * nAgaththin mEl thuyilvAn ** - muththI[49]
       maRaiyAvAn * mAkaDal nanjchu uNDAn thanakkum *
       iRai AvAn * engkaL pirAn   96

2278   engkaL perumAn! * imaiyOr thalaimagan! nI *
       sengkaN neDumAl! thirumArbA! ** - pongku
       paDa mUkkin Ayira vAyp * pAmbaNai mEl sErndhAy *
       kuDamUkkuk[50] * kOyilAk koNDu   97

2279   koNDu vaLarkkak * kuzhaviyAyth thAn vaLarndhadhu *
       uNDadhu ulagu Ezhum * uL oDungka ** - koNDu
       kuDam ADik * kOvalanAy mEvi * en nenjcham
       iDam Agak koNDa iRai   98

2280   ** iRai emperumAn! * aruL enRu * imaiyOr
       muRai ninRu * moymmalargaL thUva ** - aRai kazhala
       sEvaDiyAn * sengkaN neDiyAn * kuRaL uruvAy
       mA vaDivil[51] maN koNDAn mAl   99

2281   ** mAlE! neDiyOnE! kaNNanE! * viNNavarkku
       mElA! * viyan thuzhAyk kaNNiyanE! ** - mElAl
       viLavin kAy * kanRinAl vIzhththavanE! * endhan
       aLavu anRAl * yAn uDaiya anbu   100

      dhasaka aDivaravu: anbu kaDai thAm pirAn poruL madhi ninRadhu
                   iDangkai pagal pinnAl thiru

        bUthaththhAzhvAr thiruvaDigaLE sharaNam

---

[49] muththi
[50] kuDamUkkil
[51] vaDivin/mAvaliyai

Peyazhvar

Avataram	
Month	Aippasi
Star	Sadhayam
Place	Thirumayilai
Amsam	Nandaka
Divya Prabandham	
Moondram Thiruvandhadhi	

pEyAzhvAr aruLich cheydha
mUnRAm thiruvandhAdhi

---

thaniyan
kurugai kAvalappan aruLich cheydhadhu
(nErisai veNpA)

sIr Arum mADath thirukkOvalUr adhanuL *
kAr Ar karumugilaik kANap pukku * - OrAth
thirukkaNDEn enRu uraiththa sIrAn kazhalE *
uraik kaNDAy nenjchE! ugandhu

---

pEyAzhvAr aruLich seydha
mUnRAm thiruvandhAdhi

2282	** thiruk kaNDEn * pon mEni kaNDEn * thigazhum
	arukkan aNi niRamum kaNDEn ** - seruk kiLarum
	pon Azhi kaNDEn * puri sangkam kaik kaNDEn *
	en Azhi vaNNan pAl inRu 1
2283	inRE kazhal kaNDEn * Ezh piRappum yAn aRuththEn *
	pon thOy varai mArbil pUnthuzhAy ** - anRu
	thiruk kaNDu koNDa * thirumAlE! * unnai
	marukkaNDu koNDu en manam 2
2284	manaththhu uLLAn * mAkaDal nIr uLLAn * malarAL
	thanaththhu uLLAn * thaNthuzhAy mArban ** - sinaththhuch
	serunar ugach seRRu ugandha * thEngku Odha vaNNan *
	varu naragam thIrkkum marundhu 3
2285	marundhum poruLum * amudhamum thAnE *
	thirundhiya sengkaN mAl AngkE ** - porundhiyum[52]
	ninRu ulagam uNDu umizhndhum * nIr ERRum mUvaDiyAl *
	anRu ulagam thAyOn aDi 4
2286	aDi vaNNam thAmarai * anRu ulagam thAyOn *
	paDi vaNNam pARkkaDal[53] nIr vaNNam ** - muDi vaNNam
	Or Azhi veyyOn * oLiyum aqdhu anRE *
	Ar Azhi koNDARku azhagu 5

---

[52] porundhiya
[53] pARkaDal

2287   azhagu anRE AzhiyARku * Azhi nIr vaNNam *
        azhagu anRE aNDam kaDaththal ** - azhagu anRE
        angkai nIr ERRARku * alar mElOn kAl kazhuva *
        gangkai nIr kAnRa kazhal   6

2288   kazhal thozhudhum vA nenjchE! * kArkkaDal nIr vElai *
        pozhil aLandha puL Urdhich selvan ** - ezhil aLandhu angku
        eNNaRku ariyAnai * epporuTkum sEyAnai *
        naNNaRku ariyAnai nAm   7

2289   nAmam pala solli * nArAyaNA enRu *
        nAm angkaiyAl thozhudhum nannenjchE! - vA ** maruvi
        maN ulagam uNDu umizhndha * vaNDu aRaiyum thaNthuzhAy *
        kaNNanaiyE kANga nangkaN   8

2290   kaNNum kamalam * kamalamE kaiththalamum *
        maN aLandha pAdhamum * maRRu avaiyE ** - eNNin
        karu mA mugil vaNNan * kArkkaDal nIr vaNNan *
        thiru mAmaNi vaNNan thEsu   9

2291   thEsum thiRalum * thiruvum uruvamum *
        mAsu il kuDip piRappum * maRRavaiyum - pEsil **
        valam purindha vAn sangkam * koNDAn pEr Odha *
        nalam purindhu senRu aDaiyum nanku   10

2292   nanku Odhum * nAl vEdhaththu uLLAn * naRavu iriyum
        pongku Odha aruvip punal vaNNan ** - sangku Odhap
        pARkaDalAn * pAmbaNaiyin mElAn * payinRu uraippAr
        nURkaDalAn * nuNNaRivinAn   11

2293   aRivu ennum thAL koLuvi * aimpulanum thammil *
        seRivu ennum thiN kadhavam semmi ** - maRai enRum
        nanku Odhi * nanku uNarvAr kANbarE * nAL thORum
        paingkOdha vaNNan paDi   12

2294   paDi vaTTath thAmarai * paNDu ulagam nIr ERRu *
        aDi vaTTaththAl aLappa * nINDa - muDi vaTTam **
        AgAyam UDu aRuththu * aNDam pOy nINDadhE *
        mA kAyamAy ninRa mARku   13

2295   mARpAl manam suzhippa * mangkaiyar thOL kai viTTu *
        nURpAl manam vaikka noyvidhAm ** - nARpAla
        vEdhaththAn vEngkaDaththAn * viNNOr muDi thOyum *
        pAdhaththAn pAdham paNindhu   14

2296   paNindhu uyarndha pauvap * paDuthiraigaL mOdha *
        paNindha paNa maNigaLAlE - aNindhu ** angku
        ananthan aNaik * kiDakkum ammAn * aDiyEn
        manam than aNaik * kiDakkum vandhu   15

2297   ** vandhu udhaiththa veNthiraigaL * sempavaLam[54] veNmuththam *
        andhi viLakkum aNi viLakkAm ** - endhai
        oru allith thAmaraiyAL * onRiya sIr mArvan *
        thiruvallikkENiyAn senRu   16

2298   senRa nAL sellAdha * sengkaN mAl engkaL mAl *
        enRa nAL ennALum nAL Agum ** - enRum
        iRavAdha endhai * iNai aDikkE ALAy *
        maRavAdhu vAzhththhuga en vAy   17

2299   vAy mozhindhu vAmananAy * mAvali pAl * mUvaDi maN
        nI aLandhu koNDa neDumAlE! ** - thAviya nin
        enjchA iNai aDikkE * Ezh piRappum AL Agi *
        anjchAdhu irukka aruL   18

2300   aruLAdhu ozhiyumE? * Alilai mEl * anRu
        theruLAdha piLLaiyAych sErndhAn ** - iruLAdha
        sindhaiyarAych sEvaDikkE * semmalar thUyk kai thozhudhu *
        mundhaiyarAy niRpArkku mun   19

2301   mun ulagam * uNDu umizhndhAykku * avvulagam IraDiyAl
        pin aLandhu kODal * peridhu onRE? ** - ennE!
        thirumAlE! sengkaN neDiyAnE! * engkaL
        perumAnE! * nI idhanaip pEsu   20

2302   pEsuvAr * evvaLavu pEsuvar * avvaLavE
        vAsa malarth thuzhAy mAlaiyAn ** - thEsu uDaiya
        chakkaraththAn * sangkinAn sArngkaththAn * pongku arava
        vakkaranaik konRAn vaDivu   21

2303   vaDivu Ar muDi kOTTi * vAnavargaL * nALum
        kaDi Ar malar thUvik kANum - paDiyAnai **
        semmaiyAl uLLurugich * sevvanE nenjchamE! *
        meymmaiyE kANa virumbu   22

---

[54] sempavaLa

2304   virumbi viN maN aLandha * anjchiRaiya vaN thAr *
        surumbu thoLaiyil senRu Udha ** - arumbum
        punanthuzhAy mAlaiyAn * pon angkazhaRkE *
        manam thuzhAy mAlAy varum   23

2305   varungkAl irunilanum * mAl visumbum kARRum *
        nerungku thI nIr uruvum AnAn ** - porundhum
        suDar Azhi * onRu uDaiyAn sUzh kazhalE * nALum
        thoDar Azhi nenjchE! * thozhudhu   24

2306   thozhudhAl pazhudhu uNDE? * thU nIr ulagam *
        muzhudhu uNDu moykuzhalAL Aychchi ** - izhudhu[55] uNDa
        vAyAnai * mAl viDai Ezh seRRAnai * vAnavarkkum
        sEyAnai * nenjchE! siRandhu   25

2307   siRandha en sindhaiyum * sengkaN aravum *
        niRaindha * sIr nIL kachchi uLLum ** - uRaindhadhuvum
        vEngkaDamum veqkAvum * vELukkaip pADiyumE *
        thAm kaDavAr thaNthuzhAyAr   26

2308   ArE thuyar uzhandhAr * thunbuRRAr ANDaiyAr? *
        kArE malindha karungkaDalai ** - nErE
        kaDaindhAnaik * kAraNanai nIraNai mEl paLLi
        aDaindhAnai * nALum aDaindhu   27

2309   aDaindhadhu aravaNai mEl * aivarkkAy * anRu
        miDaindhadhu * pAradha vempOr ** - uDaindhadhuvum
        Aychchi pAl maththukkE * ammanE! * vAL eyiRRup
        pEychchi pAl uNDa pirAn   28

2310   pEychchi pAl uNDa * perumAnaip pErndhu eDuththu *
        Aychchi mulai koDuththAL * anjchAdhE ** - vAyththa
        iruL Ar thirumEni * inpavaLach sevvAy *
        theruLA mozhiyAnaich sErndhu   29

2311   sErndha thirumAl * kaDal kuDandhai vEngkaDam *
        nErndha en sindhai niRai visumbu[56] ** - vAyndha
        maRai pADagam ananthan * vaNthuzhAyk kaNNi *
        iRai pADi Aya ivai   30

---

[55] vizhudhu
[56] visumbum

2312 ivai avan kOyil * iraNiyanadhu Agam *
   avai seydhu ari uruvam AnAn ** - sevi theriyA
   nAgaththAn * nAl vEdhaththu uLLAn * naRavu ERRAn
   pAgaththAn pARkaDal uLAn   31

2313 pARkaDalum vEngkaDamum * pAmbum pani visumbum *
   nURkaDalum nuNNUla thAmarai mEl ** - pARpaTTu
   irundhAr manamum * iDamAgak koNDAn *
   kurundhu osiththa gOpAlakan   32

2314 pAlaganAy * Alilai mEl paiya * ulagu ellAm
   mEl oru nAL uNDavanE! * meymmaiyE ** - mAlavanE!
   mandharaththAl * mA nIrk kaDal kaDaindhu * vAn amudham
   andharaththArkku IndhAy nI * anRu   33

2315 anRu ivvulagam * aLandha asaivE[57] kol? *
   ninRu irundhu vELukkai nIL nagarvAy ** - anRu
   kiDandhAnaik * kEDil sIrAnai * mun kanjchaik
   kaDandhAnai * nenjchamE! kAN   34

2316 kAN kAN ena * virumbum kaNgaL * kadhir ilagu
   pUN thAr agalaththAn * pon mEni ** - pAN kaN
   thozhil pADi * vaNDu aRaiyum thongkalAn * sempon
   kazhal pADi yAm thozhudhum kai   35

2317 kaiya kanal Azhi * kArkkaDalvAy veNsangkam *
   veyya kadhai sArngkam * venjchuDarvAL ** - seyya
   paDai paravai pAzhi * pani nIr ulagam *
   aDi aLandha mAyar avarkku[58]   36

2318 avaRku aDimaip paTTEn * agaththAn puRaththAn *
   uvarkkum karungkaDal nIr uLLAn ** - thuvarkkum
   pavaLa vAyp pUmagaLum * panmaNip pUN Aram *
   thigazhum thirumArban thAn   37

2319 thAnE thanakku uvaman * than uruvE evvuruvum *
   thAnE thava uruvum thAragaiyum ** - thAnE
   eri suDarum mAl varaiyum * eNthisaiyum * aNDaththu
   irusuDarum Aya iRai   38

---

[57] asavE
[58] mAyan avaRku

2320   iRaiyAy nilanAgi * eNthisaiyum thAnAy *
      maRaiyAy maRaip poruLAy vAnAy ** - piRai vAyndha
      veLLaththu aruvi * viLangku oli nIr vEngkaDaththAn *
      uLLaththin uLLE uLan   39

2321   uLan kaNDAy nal nenjchE! * uththaman enRum
      uLan kaNDAy * uLLuvAr uLLaththu - uLan kaNDAy **
      viN oDungkak kODu uyarum * vIngku aruvi vEngkaDaththAn *
      maN oDungkath thAn aLandha man   40

2322   mannu maNi muDi nINDu * aNDam pOy eNthisaiyum *
      thunnu pozhil anaiththum sUzh kazhalE ** - minnai
      uDaiyAgak koNDu * anRu ulagu aLandhAn * kunRam
      kuDaiyAga A kAththa kO   41

2323   kOvalanAy * AniraigaL mEyththuk kuzhal Udhi *
      mA valanAyk kINDa * maNivaNNan ** - mEvi
      ari[59] uruvam Agi * iraNiyanadhu Agam *
      theri ugirAl kINDAn sinam   42

2324   sina mA madha kaLiRRin * thiNmaruppaich sAyththu *
      puna mEya bUmi adhanai ** - dhanamAgap
      pEr agalaththuL oDukkum * pEr Ara mArvanAr *
      Or agalaththu uLLadhu ulagu   43

2325   ulagamum * Uzhiyum Azhiyum * oNkEzh
      alar kadhirum senthIyum AvAn ** - pala kadhirgaL
      pAriththa * paimpon muDiyAn aDi iNaikkE *
      pUriththu en nenjchE! puri   44

2326   purindhu madha vEzham * mAp piDiyODu UDi *
      thirindhu sinaththAl porudhu ** - virindha sIr
      veNkOTTu * muththu udhirkkum vEngkaDamE * mEl oru nAL
      maN kOTTuk koNDAn malai   45

2327   malai mugaDu mEl vaiththu * vAsugiyaich suRRi *
      thalai mugaDu thAn oru kai paRRi ** - alai mugaTTu
      aNDam pOy nIr theRippa * anRu kaDal kaDaindhAn *
      piNDamAy ninRa pirAn   46

---

[59] eri

2328 ninRa perumAnE! nIr ERRu * ulagu ellAm
senRa perumAnE! sengkaNNA! ** - anRu
thuraga vAy kINDa * thuzhAy muDiyAy! * nangkaL
naraga vAy kINDAyum nI   47

2329 nI anRE nIr ERRu * ulagam aDi aLandhAy? *
nI anRE ninRu nirai mEyththAy? ** - nI anRE
mA vAy uram piLandhu * mA marudhin UDu pOy *
dhEvAsuram porudhAy seRRu?   48

2330 seRRadhuvum * sErA iraNiyanai * senRu ERRup
peRRadhuvum * mAnilam pinnaikkAy ** - muRRal
muri ERRin * mun ninRu moymbu ozhiththAy! * mUrich
suri ERu sangkinAy! sUzhndhu   49

2331 sUzhndha thuzhAy alangkal * sOdhi maNi muDi mAl *
thAzhndha aruvith thaDa varai vAy ** - Azhndha
maNi nIrch sunai vaLarndha * mA mudhalai konRAn *
aNi nIla vaNNaththavan   50

2332 avanE aruvaraiyAl * AniraigaL kAththAn *
avanE * aNi marudham sAyththAn ** - avanE
kalangkAp peru nagaram * kATTuvAn kaNDIr *
ilangkApuram eriththAn eydhu   51

2333 eydhAn marAmaram * Ezhum irAmanAy *
eydhAn ammAn maRiyai[60] EndhizhaikkAy ** - eydhadhuvum
thennilangkaik kOn vIzha * senRu kuRaL uruvAy *
mun nilam kaik koNDAn muyanRu   52

2334 muyanRu thozhu nenjchE! * mUri nIr vElai *
iyanRa maraththu Alilaiyin mElAl ** - payinRu angku Or
maN nalangkoL veLLaththu * mAyak kuzhaviyAy *
thaN alangkal mAlaiyAn thAL   53

2335 thALAl sagaDam * udhaiththup pagaDu undhi *
kILA marudhu iDai pOyk kEzhalAy ** - mILAdhu
maN agalam kINDu * angku Or mAdhu ugandha mArvaRku *
peN agalam kAdhal peridhu   54

---

[60] mariya

44

2336   periya varai mArbil * pEr Aram pUNDu *
        kariya mugil iDai min pOla ** - theriyungkAl[61]
        pAN oDungka * vaNDu aRaiyum pangkayamE * maRRu avan than
        nIL neDungkaN kATTum niRam   55

2337   niRam veLidhu seydhu * pasidhu karidhu enRu *
        iRai uruvam yAm aRiyOm eNNil ** - niRaivu[62] uDaiya
        nA mangkai thAnum * nalam pugazha vallaLE? *
        pU mangkai kELvan polivu   56

2338   polindhu iruNDa kAr vAnil * minnE pOl thOnRi *
        malindhu thiru irundha mArvan ** - polindha[63]
        karuDan mEl koNDa * kariyAn kazhalE *
        theruDan mEl kaNDAy theLi   57

2339   theLindha silAdhalaththin * mEl irundha mandhi *
        aLindha kaDuvanaiyE nOkki ** - viLangkiya
        veNmadhiyam * thA ennum vEngkaDamE * mEl oru nAL
        maN madhiyil koNDu ugandhAn vAzhvu   58

2340   vAzhum vagai aRindhEn * mai pOl neDuvaraivAy *
        thAzhum aruvi pOl thAr kiDappa ** - sUzhum
        thiru mAmaNi vaNNan * sengkaN mAl * engkaL
        perumAn aDi sErap peRRu   59

2341   peRRam piNai marudham * pEy mulai mAch chagaDam *
        muRRak kAththu UDu pOy uNDu udhaiththu ** - kaRRuk
        kuNilai * viLangkanikkuk koNDu eRindhAn * veRRip
        paNilam vAy vaiththu ugandhAn paNDu   60

2342   ** paNDu ellAm vEngkaDam * pARkaDal vaikuntham *
        koNDu angku uRaivArkkuk[64] kOyil pOl ** - vaNDu
        vaLam kiLarum nIL sOlai * vaNpUngkaDigai *
        iLangkumaran than viNNagar   61

2343   viNNagaram veqkA * viri thirai nIr vEngkaDam *
        maN nagaram mA mADa vELukkai ** - maN agaththa
        then kuDandhai * thEn Ar thiruvarangkam then kOTTi *
        than kuDangkai nIr ERRAn thAzhvu   62

---

[61] thiriyungkAl

[62] niRam

[63] polindhu

[64] uRaivARku

2344   thAzh saDaiyum nIL muDiyum * oN mazhuvum chakkaramum *
sUzh aravum pon nANum * thOnRum Al ** - sUzhum
thiraNDu aruvi pAyum * thirumalai mEl endhaikku *
iraNDu uruvum onRAy isaindhu   63

2345   isaindha aravamum * veRpum kaDalum *
pasaindhu angku amudhu paDuppa[65] ** - asaindhu
kaDaindha varuththamO? * kachchi veqkAvil *
kiDandhu irundhu ninRadhuvum angku?   64

2346   angkaRku iDar inRi[66] * andhip pozhudhaththu *
mangka iraNiyanadhu Agaththai ** - pongki
ari uruvamAyp piLandha * ammAn avanE *
kari uruvam kombu osiththAn kAyndhu   65

2347   kAyndhu iruLai mARRik * kadhir ilagu mA maNigaL *
Eyndha paNak kadhir mEl vevvuyirppa ** - vAyndha
madhu kaiDavarum * vayiRu urugi mANDAr *
adhu kEDu avarkku iRudhi Angku   66

2348   Angku malarum * kuviyu mAl undhi vAy *
Ongku kamalaththinadhu[67] oNpOdhu ** - Angkaith
thigiri suDar enRum * veNsangkam * vAnil
pagaru madhi enRum pArththu   67

2349   pArththa kaDuvan * sunai nIr nizhal kaNDu *
pErththu Or kaDuvan enap pErndhu ** - kArththa
kaLangkanikkuk * kai nITTum vEngkaDamE * mEl nAL
viLangkanikkuk * kanRu eRindhAn veRpu   68

2350   veRpu enRu * vEngkaDam pADum * viyan thuzhAy *
kaRpu enRu sUDum * karungkuzhal mEl ** - mal ponRa
nINDa thOL mAl kiDandha * nIL kaDal nIrADuvAn *
pUNDa nAL ellAm pugum   69

2351   pugu madhaththAl * vAy pUsik kIzh thAzhndhu * aruvi
ugu madhaththAl * kAl kazhuvik kaiyAl ** - migu madhath thEn
viNDa malar koNDu * viRal vEngkaDavanaiyE *
kaNDu vaNangkum kaLiRu   70

---

[65] paDaippa
[66] angkakkiDaRinRi
[67] kamalaththin

2352   kaLiRu mugil kuththak * kai eDuththu ODi *
           oLiRu maruppu osi kai yALi - piLiRi
           vizha ** konRu ninRu adhirum * vEngkaDamE * mEl nAL
           kuzhak kanRu koNDu eRindhAn kunRu   71

2353   kunRu onRinAya * kuRa magaLir kOl vaLaik kai *
           senRu viLaiyADum thIngkazhai pOy ** - venRu
           viLangku madhi kOL viDukkum * vEngkaDamE * mElai
           iLangkumarar kOmAn iDam   72

2354   iDam valam Ezh pUNDa * iravith thEr OTTi *
           vaDa muga vEngkaDaththu mannum ** - kuDam nayandha
           kUiththanAy ninRAn * kurai kazhalE kURuvadhE *
           nAth thannAl uLLa nalam   73

2355   nalamE validhu kol? * nanjchu UTTu van pEy *
           nilamE puraNDu pOy vIzha ** - salamE thAn
           vengkongkai uNDAnai * mITTu Aychchi UTTuvAn *
           than kongkai vAy vaiththAL sArndhu   74

2356   sArndhu agaDu thEyppath * thaDAviya kOTTu uchchi vAy *
           Urndhu iyangkum veNmadhiyin oNmuyalai ** - sErndhu
           sina vEngkai pArkkum * thirumalaiyE * Ayan
           puna vEngkai nARum poruppu   75

2357   poruppu iDaiyE ninRum * punal kuLiththum * aindhu
           neruppu iDaiyE niRkavum * nIr vENDA ** - viruppu uDaiya
           veqkAvE sErndhAnai * meymmalar[68] thUyk kai thozhudhAl *
           aqkAvE thI vinaigaL Ayndhu   76

2358   Ayndha arumaRaiyOn * nAnmugaththOn nankuRangkil *
           vAyndha kuzhaviyAy vAL arakkan ** - Eyndha
           muDip pOdhu * mUnRu Ezh enRu eNNinAn * Arndha
           aDip pOdhu nangkaTku araN   77

2359   araNAm namakku enRum * Azhi valavan *
           muran nAL valam suzhindha[69] moymban ** - saraNAm El
           Edhu kadhi? Edhu nilai? * Edhu piRappu? ennAdhE *
           Odhu kadhi * mAyanaiyE[70] Orththu   78

---

[68] menmalar
[69] suzhiththha
[70] mAdhavanaiyE

2360 Orththa manaththarAy * aindhu aDakki ArAyndhu *
pErhthAl piRappu Ezhum pErkkalAm ** - kArhtha
virai Ar naRunthuzhAy * vIngku Odha mEni *
nirai Ara mArvanaiyE ninRu   79

2361 ninRu edhirAya * nirai maNith thEr vANan thOL *
onRiya IrainjnjURu uDan thuNiya ** - venRu ilangkum
Ar paDu vAn * nEmi aravaNaiyAn * sEvaDikkE
nEr paDuvAn thAn muyalum nenjchu   80

2362 nenjchAl * ninaippu ariyanElum * nilaip peRRu en
nenjchamE! pEsAy * ninaikkungkAl ** - nenjchaththup
pErAdhu niRkum * perumAnai en kolO? *
OrAdhu niRpadhu uNarvu   81

2363 uNaril uNarvu ariyan * uLLam pugundhu *
puNarilum kANbu ariyan uNmai ** - iNar aNaiyak
kongku aNaindhu vaNDu aRaiyum * thaNthuzhAyk kOmAnai *
engku aNaindhu kANDum ini?   82

2364 ini avan mAyan * ena uraipparElum *
ini avan kANbu ariyanElum ** - ini avan
kaLLaththAl maN koNDu * viN kaDandha paingkazhalAn *
uLLaththin uLLE uLan   83

2365 uLan Aya * nAnmaRaiyin uTporuLai * uLLaththu
uLan Agath * thErndhu uNarvarElum ** - uLan Aya
vaNthAmarai neDungkaN * mAyavanai yAvarE? *
kaNDAr ugappar kavi   84

2366 kaviyinAr kai punaindhu * kaN Ar kazhal pOy *
seviyin Ar kELviyarAych sErndhAr ** - puviyinAr
pORRi uraikkap * poliyumE? * pinnaikkA
ERRuyirai aTTAn ezhil   85

2367 ezhil koNDu[71] * minnuk koDi eDuththu * vEgath
thozhil koNDu * thAn muzhangkith thOnRum ** - ezhil koNDa
nIr mEgam anna * neDumAl niRam pOla *
kAr vAnam kATTum kalandhu   86

_____

[71] koNDa

48

2368   kalandhu maNi imaikkum kaNNA! * nin mEni
malarndhu * maradhagamE kATTum ** - nalanthigazhum
kondhin vAy vaNDu aRaiyum * thaNthuzhAyk kOmAnai *
andhi vAn kATTum adhu   87

2369   adhu nanRu idhu thIdhu enRu * aiyap paDAdhE *
madhu ninRa thaNthuzhAy mArvan ** - podhu ninRa *
pon angkazhalE thozhumin * muzhu vinaigaL
munnam kazhalum muDindhu   88

2370   muDindha pozhudhil * kuRa vANar * Enam
paDindhu uzhu sAl * painthinaigaL viththa ** - thaDindhu ezhundha
vEyngkazhai pOy * viN thiRakkum vEngkaDamE * mEl oru nAL
thIngkuzhal vAy vaiththAn silambu   89

2371   silambum seRi kazhalum * senRu isaippa * viN ARu
alambiya sEvaDi pOy ** aNDam - pulambiya thOL
eNthisaiyum sUzha * iDam pOdhAdhu en kolO? *
vaNthuzhAy mAl aLandha maN   90

2372   maN uNDum * pEychchi mulai uNDum ARRAdhAy *
veNNey vizhungka veguNDu ** Aychchi - kaNNik
kayiRRinAl kaTTath * thAn kaTTuNDu irundhAn *
vayiRRinODu ARRa magan   91

2373   magan oruvarkku allAdha * mAmEni mAyan *
maganAm * avan magan than kAdhal - maganai **
siRai seydha vANan thOL * seRRAn kazhalE *
niRai seydhu en nenjchE! ninai   92

2374   ninaiththu ulagil Ar theLivAr? * nINDa thirumAl *
anaiththu ulagum uL oDukki Al mEl ** - kanaiththu ulavu
veLLaththu Or piLLaiyAy * meLLath thuyinRAnai *
uLLaththE vai nenjchE! uyththu   93

2375   uyththu uNarvu ennum * oLi koL viLakku ERRi *
vaiththu avanai nADi valaip paDuththEn ** - meththenavE
ninRAn irundhAn * kiDandhAn en nenjchaththu *
ponRAmai mAyan pugundhu   94

2376   pugundhu ilangkum * andhip pozhudhaththu * ariyAy
igazhndha iraNiyanadhu Agam ** - sugirndhu engkum
sindhap piLandha * thirumAl thiruvaDiyE *
vandhiththu en nenjchamE! vAzhththu   95

2377 vAzhththiya vAyarAy * vAnOr maNi maguDam *
thAzhththi vaNangkath thazhumbAmE ** - kEzhththa
aDith thAmarai * malar mEl mangkai maNALan *
aDith thAmaraiyAm alar   96

2378 alar eDuththa undhiyAn * Angku ezhilAya *
malar eDuththa mAmEni mAyan ** - alar eDuththa
vaNNaththAn * mAmalarAn vAr saDaiyAn * enRa ivargaTku
eNNath thAn AmO? imai   97

2379 imam sUzh malaiyum * iruvisumbum kARRum *
amam sUzhndhu aRa viLangkith thOnRum ** - naman sUzh
naragaththu * nammai naNugAmal kAppAn *
thuragaththai vAy piLandhAn thoTTu   98

2380 ** thoTTa paDai eTTum * thOlAdha venRiyAn *
aTTabuyakaraththAn anjnjAnRu[72] ** - kuTTaththuk
kOL mudhalai thunjchak * kuRiththu eRindha chakkaraththAn *
thAL mudhalE nangkaTkuch sArvu   99

2381 ** sArvu namakku enRum * chakkaraththAn * thaNthuzhAyth
thAr vAzh varai mArban * thAn muyangkum ** - kAr Arndha
vAn amarum min imaikkum * vaNthAmarai neDungkaN *
thEn amarum pU mEl thiru   100

    dhasaka aDivaravu: thiru nanku pEsuvAr ivai mannum avanE paNDu
          kaLiRu nenjchAl maNNuNDum nAnmugan

          pEyAzhvAr thiruvaDigaLE sharaNam

---

[72] annAnRu

Thirumazhisai Azhvar

Avataram	
Month	Thai
Star	Magam
Place	Thirumazhisai
Amsam	Sudarshana Chakra
Names	Bhargava, Bhaktisara, Thirumazhisaippiran
Divya Prabandham	
Thiruchchandha Viruththam	
Nanmugan ThiruvandhAdhi	

thirumazhisai AzhvAr aruLich cheydha
nAnmugan thiruvandhAdhi

---

thaniyan
sIrAmap piLLai aruLich cheydhadhu
(nErisai veNpA)

nArAyaNan paDaiththAn * nAnmuganai * nAnmuganukku
Er Ar sivan piRandhAn ennum sol * - sIr Ar
mozhi seppi vAzhalAm * nenjchamE! * moy pU
mazhisaip paran aDiyE vAzhththu

---

thirumazhisai AzhvAr aruLich cheydha
nAnmugan thiruvandhAdhi

2382   ** nAnmuganai * nArAyaNan paDaiththAn * nAnmuganum
thAn mugamAych * sangkaranaith thAn paDaiththAn ** - yAn mugamAy
andhAdhi mEl iTTu * aRiviththEn AzhporuLai *
sindhAmal koNminIr thErndhu   1

2383   thErungkAl dhEvan * oruvanE enRu uraippar *
Arum aRiyAr avan perumai ** - Orum
poruL muDivum iththanaiyE * eththavam seydhArkkum *
aruL muDivadhu AzhiyAn pAl   2

2384   pAlil kiDandhadhuvum * paNDu arangkam mEyadhuvum *
Alil thuyinRadhuvum Ar aRivAr? ** - njAlaththu
oru poruLai * vAnavar tham meypporuLai * appil
aruporuLai * yAn aRindhavARu   3

2385   ARu saDaik karandhAn * aNDar kOn thannODum *
kURu uDaiyan enbadhuvum * koLgaiththE ** - vERu oruvar
illAmai ninRAnai * emmAnai * epporuTkum
sollAnaich * sonnEn thoguththu   4

2386   thoguththa varaththanAyth * thOlAdhAn mArvam *
vagirththa vaLai ugir thOL mAlE! ** - ugaththil
oru nAnRu nI uyarththi * uL vAngki nIyE[73] *
aru nAnkum AnAy aRi   5

---

[73] vAngkinaiyE

2387   aRiyAr samaNar * ayarththAr pavuththar *
siRiyAr sivappaTTAr seppil ** - veRi Aya
mAyavanai mAl avanai * mAdhavanai EththAr *
InavarE AdhalAl inRu   6

2388   inRu Aga * nALaiyE Aga * inich chiRidhum[74]
ninRu Aga * nin aruL en pAladhE ** - nanRu Aga
nAn unnai anRi * ilEn kaNDAy * nAraNanE!
nI ennai anRi ilai   7

2389   ilai thuNai maRRu en nenjchE! * Isanai venRa *
silai koNDa sengkaN mAl sErA ** - kulai koNDa
IrainthalaiyAn * ilangkaiyai IDu azhiththa *
kUr amban allAl kuRai   8

2390   kuRai koNDu nAnmugan * kuNDigai nIr peydhu *
maRai koNDa mandhiraththAl * vAzhththi ** - kaRai koNDa
kaNDaththAn * senni mEl ERak kazhuvinAn *
aNDaththAn sEvaDiyai Angku   9

2391   Angku AravAram adhu kETTu * azhal umizhum
pUngkAr aravaNaiyAn * pon mEni ** - yAm kANa
vallamE allamE? * mAmalarAn vArsaDaiyAn *
vallarE allarE? vAzhththu   10

2392   vAzhththuga vAy * kANga kaN kETka sevi * maguDam
thAzhththi vaNangkumingaL * thaNmalarAl ** - sUzhththa
thuzhAy mannu nIL muDi * en thollai mAl thannai *
vazhA vaNkai kUppi madhiththu   11

2393   madhiththAy pOy nAnkin * madhiyAr pOy vIzha *
madhiththAy * madhi kOL viDuththAy ** - madhiththAy
maDuk kiDandha * mAmudhalai kOL viDuppAn * Azhi
viDaRku iraNDum pOy iraNDin vIDu   12

2394   vIDu Akkum * peRRi aRiyAdhu * mey varuththik
kUDu Akki * ninRu uNDu koNDu uzhalvIr! ** - vIDu Akkum
meypporuL thAn * vEdha mudhaRporuL thAn * viNNavarkku
naRporuL thAn * nArAyaNan   13

---

[74] chiRidhu

2395 nArAyaNan * ennai ALi * naragaththuch
sErAmal kAkkum thirumAl than ** - pEr Ana
pEsap peRAdha * piNach samayar pEsak kETTu *
AsaippaTTu AzhvAr palar   14

2396 pala dhEvar Eththap * paDi kaDandhAn pAdham *
malar ERa iTTu iRainjchi vAzhththa - valar Agil **
mArkkaNDan kaNDa vagaiyE * varum kaNDIr *
nIrkkaNDan kaNDa nilai   15

2397 nilai mannum en nenjcham * annAnRu * dhEvar
thalai mannar thAmE * mARRu Aga ** - pala mannar
pOr mALa * vengkadhirOn mAyap pozhil maRaiya *
thEr AzhiyAl maRaiththArAl   16

2398 Ala nizhaRkIzh * aRa neRiyai * nAlvarkku
mElai yugaththu uraiththAn * meyththavaththOn ** - njAlam
aLandhAnai * Azhik kiDandhAnai * Al mEl
vaLarndhAnaith * thAn vaNangkum ARu   17

2399 mARu Aya dhAnavanai * vaLLugirAl * mArvu iraNDu
kURu Agak * kIRiya kOL ariyai ** - vERu Aga
Eththi iruppArai * vellumE * maRRu avaraich
sArththi75 iruppAr thavam   18

2400 thavam seydhu * nAnmuganAl peRRa varaththai *
avam seydha AzhiyAy76 anRE ** - uvandhu emmaik
kAppAy nI * kAppadhanai AvAy nI * vaikuntham
IppAyum evvuyirkkum nI   19

2401 nIyE ulagu ellAm * nin aruLE niRpanavum *
nIyE * thavath dhEva dhEvanum ** - nIyE
eri suDarum mAl varaiyum * eNthisaiyum * aNDaththu
iru suDarum Aya ivai   20

2402 ivaiyA! pila vAy * thiRandhu eri kAnRa *
ivaiyA! eri vaTTak kaNgaL ** - ivaiyA!
eri pongkik kATTum * imaiyOr perumAn *
ari pongkik kATTum azhagu   21

_____

75 sARRi
76 AzhiyAn

54

2403   azhagiyAn thAnE * ari uruvan thAnE *
      pazhagiyAn thALE paNimin ** - kuzhaviyAyth
      thAn Ezh ulagukkum * thanmaikkum thanmaiyanE *
      mInAy uyir aLikkum viththu   22

2404   viththum iDa vENDum kollO?[77] * viDai aDarththa *
      paththi uzhavan pazham punaththu ** - moyththu ezhundha
      kAr mEgam anna * karu mAl thirumEni *
      nIr vAnam kATTum nigazhndhu   23

2405   nigazhndhAy * pAl pon pasuppuk kAr vaNNam nAnkum *
      igazhndhAy iruvaraiyum vIyap - pugazhndhAy **
      sinap pOrch suvEdhanaich * sEnApathiyAy *
      manap pOr muDikkum vagai   24

2406   vagaiyAl madhiyAdhu * maN koNDAy * maRRum
      vagaiyAl * varuvadhu onRu uNDE ** - vagaiyAl
      vayiram kuzhaiththu uNNum * mAvali thAn ennum *
      vayira vazhakku ozhiththAy maRRu   25

2407   maRRuth thozhuvAr * oruvaraiyum yAn inmai *
      kaRRaich saDaiyAn karik kaNDAy ** - eRRaikkum
      kaNDu koL kaNDAy * kaDal vaNNA! * yAn unnaik
      kaNDu koLkiRkum ARu   26

2408   mAl thAn pugundha * maDa nenjcham[78] * maRRadhuvum
      pERu Agak koLvanO? * pEdhaigAL! ** - nIRADi
      thAn kANa mATTAdha * thAr agalach sEvaDiyai *
      yAn kANa vallERku idhu   27

2409   idhu ilangai IDu azhiyak * kaTTiya sEdhu *
      idhu vilangku vAliyai vIzhththhadhu[79] ** - idhu ilangai
      thAn oDungka vil nuDangkath * thaNthAr irAvaNanai *
      Un oDungka eydhAn ugappu   28

2410   ugappu uruvan thAnE * oLi uruvan thAnE *
      magappu uruvan thAnE madhikkil ** - migap puruvam
      onRukku onRu * OsanaiyAn vIzha * oru kaNaiyAl
      anRik koNDu eydhAn avan   29

---

[77] kolO
[78] nenjchan
[79] vIzhththadhuvum

2411   avan ennai ALi * arangkaththu * arangkil
avan ennai eydhAmal kAppAn ** - avan ennadhu
uLLaththu * ninRAn irundhAn kiDakkumE *
veLLaththu aravaNaiyin mEl   30

2412   mEl nAnmugan * aranai iTTa viDu sAbam *
thAn nAraNan ozhiththAn thAragaiyuL[80] ** - vAnOr
perumAnai * EththAdha pEygAL! * piRakkum
karu mAyam pEsin[81] kadhai   31

2413   kadhaip poruL thAn * kaNNan thiru vayiRRin uLLa *
udhaippu aLavu * pOdhu pOkku inRi ** - vadhaip poruL thAn
vAyndha guNaththup * paDAdhadhu aDaiminO *
Ayndha guNaththAn aDi   32

2414   aDich sagaDam sADi * aravu ATTi * yAnai
piDiththu osiththup * pEy mulai nanjchu uNDu ** - vaDip pavaLa
vAyp pinnai thOLikkA * vallERRu eruththu iRuththu *
kOp pinnum AnAn kuRippu   33

2415   kuRippu enakkuk * kOTTiyUr mEyAnai Eththa *
kuRippu enakku * nanmai payakka ** - veRuppanO?
vEngkaDaththu mEyAnai * meyvinai[82] nOy eydhAmal *
thAn kaDaththum thanmaiyAn thAL   34

2416   ** thALAl ulagam * aLandha asaivE[83] kol? *
vALA kiDandhu aruLum * vAy thiRavAn ** - nIL Odham
vandhu alaikkum mAmayilai * mAvallikkENiyAn *
ainthalai vAy nAgaththu aNai   35

2417   nAgaththu aNaik kuDandhai * veqkA thiruvevvuL *
nAgaththu aNai arangkam * pEr anbil ** - nAgath
thu aNaip pARkaDal kiDakkum * Adhi neDu mAl *
aNaippAr karuththan AvAn   36

2418   vAn ulavu thI vaLi * mA kaDal mA poruppu *
thAn ulavu vengkadhirum * thaN madhiyum ** - mEl nilavu
koNDal peyarum * thisai eTTum sUzhchchiyum *
aNDam thirumAl agaippu   37

---

[80] thAraNiyuL
[81] pEsil
[82] vevvinai
[83] asavE

2419 agaippu il manisarai * ARu samayam
pugaiththAn * poru kaDal nIr vaNNan ** - ugaikkum El
eththEvar vAlATTum * evvARu seygaiyum *
appOdhu ozhiyum azhaippu   38

2420 azhaippan * thiruvEngkaDaththAnaik kANa *
izhaippan * thirukkUDal kUDa ** - mazhaip pEr
aruvi maNi varanRi[84] vandhu izhiya * yAnai
veruvi aravu oDungkum veRpu   39

2421 veRpu enRu * vEngkaDam pADinEn * vIDu Akki
niRkinREn * ninRu ninaikkinREn ** - kaRkinRa
nUl valaiyil paTTirundha * nUlATTi kELvanAr *
kAl valaiyil paTTirundhEn kAN   40

2422 kANal uRuginREn * kal aruvi muththu udhira *
ONa vizhavil oli adhira ** - pENi
varu vEngkaDavA! * en uLLam pugundhAy *
thiruvEngkaDam adhanaich senRu   41

2423 senRu vaNangkuminO * sEN uyar vEngkaDaththai *
ninRu vinai keDukkum * nIrmaiyAl ** - enRum
kaDik kamala nAnmuganum * kaN mUnRaththAnum *
aDik kamalam iTTu Eththum angku   42

2424 mangkul thOy senni * vaDa vEngkaDaththAnai *
kangkul pugundhArgaL * kAppu aNivAn ** - thingkaL
saDai ERa vaiththAnum * thAmarai mElAnum *
kuDai ERath thAm kuviththuk koNDu   43

2425 koNDu kuDangkAl * mEl vaiththa kuzhaviyAy *
thaNDa arakkan thalai thALAl - paNDu eNNi **
pOm kumaran niRkum * pozhil vEngkaDa malaikkE *
pOm kumarar uLLIr! purindhu   44

2426 purindhu malar iTTup * puNDarIkap pAdham *
parindhu paDu kADu niRpa ** - therindhu engkum
thAn Ongki niRkinRAn * thaNNaruvi vEngkaDamE *
vAnOrkkum maNNOrkkum vaippu   45

---

[84] varaNDi

2427 vaippan maNi viLakkA * mAmadhiyai * mAlukku enRu
   eppozhudhum * kai nITTum yAnaiyai ** - eppADum
   vEDu vaLaikkak * kuRavar vil eDukkum vEngkaDamE *
   nADu vaLaiththu ADum[85] El nanRu   46

2428 nanmaNi vaNNan Ur * ALiyum kOL ariyum *
   pon maNiyum muththamum * pU maramum ** - panmaNi nI
   rODu * porudhu uruLum kAnamum vAnaramum *
   vEDum uDai vEngkaDam   47

2429 vEngkaDamE * viNNOr thozhuvadhuvum * meymmaiyAl
   vEngkaDamE * mey vinai nOy thIrppadhuvum ** - vEngkaDamE
   dhAnavarai vIzhath * than Azhip paDai thoTTu *
   vAnavaraik kAppAn malai   48

2430 malai Amai mEl vaiththu * vAsugiyaich suRRi *
   thalai Amai thAn oru kai paRRi ** - alaiyAmal
   pIRak kaDaindha * perumAn thirunAmam *
   kURuvadhE yAvarkkum kURRu   49

2431 kURRamum sArA * koDu vinaiyum sArA * thI
   mARRamum sArA vagai aRindhEn ** - ARRang
   karaik kiDakkum * kaNNan kaDal kiDakkum * mAyan
   uraik kiDakkum uLLaththu enakku   50

2432 enakku AvAr * Ar oruvarE? * emperumAn
   thanakku AvAn * thAnE maRRu allAl ** - punak kAyA
   vaNNanE! * unnaip piRar aRiyAr * en madhikku
   viN ellAm uNDO vilai?   51

2433 vilaikku ATpaDuvar * visAdhi ERRu uNbar *
   thalaikku ATpali thirivar thakkOr ** - mulaik kAl
   viDam uNDa vEndhanaiyE * vERA[86] EththAdhAr *
   kaDam[87] uNDAr kallAdhavar   52

2434 kallAdhavar * ilangkai kaTTu azhiththa * kAguththan
   allAl * oru dheyvam yAn ilEn ** - pollAdha
   thEvaraith * thEvar allArai * thiru illAth
   thEvaraith * thERElmin thEvu   53

---

[85] ADudhum
[86] vERAga
[87] kaDan

2435   thEvarAy niRkum * aththEvum * aththEvaril
         mUvarAy niRkum * mudhu puNarppum ** - yAvarAy
         niRkinRadhu ellAm * neDu mAl enRu OrAdhAr *
         kaRkinRadhu ellAm kaDai   54

2436   kaDai ninRu amarar * kazhal thozhudhu * nALum
         iDai ninRa inbaththar Avar ** - puDai ninRa
         nIr Odha mEni * neDu mAlE! * nin aDiyai
         yAr Odha vallAr avar?   55

2437   avar ivar enRu illai * anangka vEL thAdhaikku *
         evarum edhir illai kaNDIr ** - uvarik
         kaDal nanjcham uNDAn * kaDan enRu * vANaRku
         uDan ninRu thORRAn * orungku   56

2438   orungku irundha nalvinaiyum * thIvinaiyum AvAn *
         perungkurundham sAyththavanE * pEsil ** - marungku irundha
         vAnavar thAm dhAnavar thAm * thAragai thAn * en nenjcham
         Anavar thAm * allAdhadhu en?   57

2439   en nenjcha mEyAn * iruL nIkki empirAn *
         man anjcha mun oru nAL * maN aLandhAn ** - en nenjcha
         mEyAnai * illA viDai ERRAn * vevvinai thIrththu
         Ayanukku AkkinEn * anbu   58

2440   anbu AvAy * Aramudham AvAy * aDiyEnukku
         inbu AvAy * ellAmum nI AvAy ** - pon pAvai
         kELvA! kiLar oLi en kEsavanE! * kEDu inRi
         ALvAykku aDiyEn nAn AL   59

2441   ATpArththu uzhi tharuvAy * kaNDu koL enRum * nin
         thATpArththu uzhi tharuvEn * thanmaiyai ** - kETpArkku
         arumporuLAy * ninRa arangkanE! * unnai
         virumbuvadhE * viLLEn manam   60

2442   manak kEdham sArA * madhusUdhan thannai *
         thanakkE thAn * thanjchamAk koLLil **- enakkE thAn
         inRu onRi ninRu ulagai Ezh * ANai OTTinAn *
         senRu onRi ninRa thiru   61

2443   thiru ninRa pakkam * thiRavidhu enRu OrAr *
karu ninRa kallArkku uraippar ** - thiru irundha
mArvan[88] * sirIdharan than vaNDu ulavu thaN thuzhAy *
thAr thannaich * sUDith thariththu   62

2444   thariththirundhEn AgavE * thArAkaNap pOr *
viriththu uraiththa vennAgaththu unnai ** - theriththu ezhudhi
vAsiththum kETTum * vaNangki vazhipaTTum *
pUsiththum * pOkkinEn pOdhu   63

2445   pOdhAna * iTTu iRainjchi EththuminO * pon magarak
kAdhAnai * Adhip perumAnai ** - nAdhAnai
nallAnai nAraNanai * nam Ezh piRappu aRukkum
sollAnai * solluvadhE sUdhu   64

2446   sUdhu Avadhu * en nenjchaththu eNNinEn * sol mAlai
mAdhu Aya mAlavanai[89] mAdhavanai ** - yAdhAnum
vallavA * sindhiththu iruppERku * vaikundhaththu
illaiyO sollIr iDam?   65

2447   iDam Avadhu * en nenjcham inRu ellAm * paNDu
paDa nAgaNai * neDiya mARku ** - thiDam Aga
vaiyEn * madhi sUDi thannODu * ayanai nAn
vaiyEn * ATseyyEn valam   66

2448   valamAga * mATTAmai thAnAga * vaigal
kulamAga * kuRRam thAnAga ** - nalamAga
nAraNanai nApathiyai[90] * njAnap perumAnai *
sIr aNanai Eththum thiRam   67

2449   thiRambEnmin kaNDIr * thiruvaDi than nAmam *
maRandhum puRam thozhA mAndhar ** - iRainjchiyum
sAdhuvarAyp * pOdhumingaL enRAn * namanum than
thUdhuvaraik kUvich sevikku   68

2450   sevikku inbam Avadhuvum * sengkaNmAl nAmam *
puvikkum puvi adhuvE kaNDIr ** - kavikku
niRai poruLAy[91] ninRAnai * nErpaTTEn * pArkkil
maRaip poruLum * aththanaiyE thAn   69

---

[88] mArbin
[89] mAyavanai
[90] nampathiyai
[91] niRaip poruLAy

60

2451   thAn oruvan Agith * tharaNi iDandhu eDuththu *
        EnoruvanAy * eyiRRil thAngkiyadhum ** - yAn oruvan *
        inRA aRiginREn allEn * irunilaththaich
        senRu Angku aDippaDuththa sEy   70

2452   sEyan aNiyan * siRiyan migap periyan *
        Ayan thuvaraik kOnAy ninRa - mAyan ** anRu
        Odhiya * vAkku adhanaik kallAr * ulagaththil
        EdhilarAm * meynjnjAnam il   71

2453   illaRam allEl[92] * thuRavaRam illennum *
        sol aRam allanavum sol alla ** - nal aRam
        Avanavum * nAlvEdha mAththavamum * nAraNanE
        Avadhu * Idhu anRu enbAr Ar?   72

2454   ArE aRivAr? * anaiththu ulagum uNDu umizhndha *
        pEr AzhiyAn than perumaiyai ** - kAr seRindha
        kaNDaththhAn * eNkaNNAn kANAn * avan vaiththa
        paNDaith thAnaththin pathi   73

2455   padhip pagainjaRku[93] ARRadhu * pAy thirai nIrp pAzhi *
        madhiththu aDaindha vAL aravam thannai ** - madhiththu avan than
        vallAgaththu ERRiya * mAmEni mAyavanai *
        alladhu * onRu EththAdhu en nA   74

2456   nAk koNDu * mAniDam pADEn * nalamAgath
        thIk koNDa * senjchaDaiyAn senRu ** enRum - pUk koNDu
        valla ARu * Eththa magizhAdha * vaikundhach
        selvanAr sEvaDi mEl pATTu   75

2457   pATTum muRaiyum * paDukadhaiyum palporuLum *
        ITTiya thIyum * iruvisumbum ** - kETTa
        manuvum * surudhi maRai nAnkum * mAyan
        thana mAyaiyil paTTa thaRpu   76

2458   thaRpu ennaith * thAn aRiyAnElum * thaDangkaDalaik
        kaRkoNDu * thUrththa kaDal vaNNan ** - eRkoNDa
        vevvinaiyum nIngka * vilangkA manam vaiththhAn *
        evvinaiyum mAyumAl kaNDu   77

---

[92] illEl
[93] pagainjarkku

2459   kaNDu vaNangkinArkku * ennAngkol? * kAman uDal
koNDa * thavaththARku umai uNarththa ** - vaNDu alambum
thAr alangkal nIL muDiyAn than * peyarE kETTirundhu * ang
kAr alangkal AnamaiyAl Ayndhu   78

2460   Ayndhu koNDu * Adhip perumAnai * anbinAl
vAyndha manaththu * iruththa vallArgaL ** - Eyndha tham
mey kundham Aga * virumbuvarE * thAmum tham
vaikundham kANbAr viraindhu   79

2461   viraindhu aDaimin mEl oru nAL * veLLam parakka *
karandhu ulagam * kAththu aLiththa kaNNan ** - parandhu ulagam
pADina * ADina kETTu * paDu naragam
vIDina vAsal kadhavu   80

2462   kadhavu manam enRum * kANalAm enRum *
kudhaiyum vinai Avi thIrndhEn ** - vidhai Aga
nalthamizhai viththi * en uLLaththai nI viLaiththAy *
kaRRa mozhi Agik kalandhu   81

2463   kalandhAn en uLLaththuk * kAmavEL thAdhai *
nalanthAnum Idhu oppadhu uNDE? [94] ** - alarndha alargaL
iTTu Eththum * Isanum nAnmuganum * enRu ivargaL
viTTu Eththa mATTAdha vEndhu   82

2464   vEndharAy viNNavarAy * viNNAgith thaNNaLiyAy *
mAndharAy mAdhAy * maRRu ellAmAy ** - sArndhavarkkuth
than ARRAn nEmiyAn * mAl vaNNan thAn koDukkum *
pinnAl thAn seyyum pidhir   83

2465   pidhirum manam ilEn * pinjnjagan thannODu
edhirvan * avan enakku nErAn ** - adhirum
kazhaRkAla mannanaiyE * kaNNanaiyE * nALum
thozhak[95] kAdhal pUNDEn thozhil   84

2466   thozhil enakkuth * thollai mAl than nAmam Eththa *
pozhudhu enakku * maRRadhuvE pOdhum ** - kazhi sinaththa
vallALan * vAnarak[96] kOn vAli madhan azhiththa *
villALan nenjchaththu uLan   85

---

[94] uNDO
[95] thozhum
[96] vAnarar

2467 uLan kaNDAy * nannenjchE! * uththaman enRum
uLan kaNDAy * uLLuvAr uLLaththu - uLan kaNDAy **
than oppAn thAnAy * uLan kAN thamiyERku[97] *
en oppArkku Isan imai   86

2468 imaiyap perumalai pOl * indhiranArkku iTTa *
samaya virundhu uNDu * Ar kAppAr? ** - samayangkaL
kaNDAn avai kAppAn * kArkkaNDan nAnmuganODu *
uNDAn ulagODu uyir   87

2469 uyir koNDu uDal ozhiya * ODum pOdhu ODi *
ayarvu enRa thIrppAn * pEr pADi ** - seyal thIrach
sindhiththu * vAzhvArE vAzhvAr * siRu samayap
pandhanaiyAr vAzhvEl pazhudhu   88

2470 pazhudhu AgAdhu onRu aRindhEn * pARkaDalAn pAdham *
vazhuvA vagai ninaindhu * vaigal - thozhuvArai **
kaNDu iRainjchi vAzhvAr * kalandha vinai keDuththu *
viN thiRandhu vIRRiruppAr mikku   89

2471 vIRRirundhu * viN ALa vENDuvAr * vEngkaDaththAn
pAl thirundha vaiththArE * pal malargaL ** - mEl thirundha
vAzhvAr * varu madhi pArththu anbinarAy * maRRavarkkE
thAzhvAy iruppAr thamar   90

2472 thamar AvAr yAvarkkum * thAmarai mElArkkum *
amararkkum ADaravu ArthththARkum[98] ** - amarargaL
thAL thAmarai * malargaL iTTu iRainjchi * mAl vaNNan
thAL thAmarai aDaivOm enRu   91

2473 enRum maRandhaRiyEn * en nenjchaththE vaiththu *
ninRum irundhum * neDu mAlai ** - enRum
thiru irundha mArban * sirIdharanukku ALAy *
karu irundha nAL mudhalAk kAppu   92

2474 kAppu maRandhaRiyEn * kaNNanE enRu iruppan *
Appu angku ozhiyavum * pal uyirkkum ** - Akkai
koDuththu aLiththa * kOnE! guNap paranE! * unnai
viDath thuNiyAr * mey theLindhAr thAm   93

---

[97] thamiyERkum
[98] ADaravathththARkum

2475   mey theLindhAr * en seyyAr? vERu AnAr nIRu Aga *
        kai theLindhu kATTik * kaLap paDuththu ** - pai theLindha
        pAmbin aNaiyAy! * aruLAy aDiyERku *
        vEmbum kaRi Agum EnRu   94

2476   ** EnREn aDimai * izhindhEn piRappu iDumbai *
        AnREn amararkku amarAmai ** - AnREn
        kaDan nADum maN nADum * kai viTTu * mElai
        iDa nADu kANa ini   95

2477   ** ini aRindhEn * IsaRkum nAnmugaRkum dheyvam *
        ini aRindhEn * emperumAn! unnai ** - ini aRindhEn
        kAraNan nI kaRRavai nI * kaRpavai nI * naRkirisai
        nAraNan nI * nankaRindhEn nAn   96

dhasaka aDivaravu: nAnmugan vAzhththuga ivai mEl kANal enakku
manakkEdham sEyan kadhavu thamarAvAr poynninRa
thirumazhisai AzhvAr thiruvaDigaLE sharaNam

Nammazhvar

Avataram	
Month	Vaikasi
Star	Visakam
Place	Thirukkurugur (Azhvar Thirunagari)
Amsam	Vishvaksena
Name	Maran, Karimaran, Vakulabharanan, ...
Divya Prabandham	
Thiruviruththam	
Thiruvasiriyam	
Periya Thiruvandhadhi	
Thiruvaymozhi	

nammAzhvAr aruLich cheydha
ruk vEdha sAramAna
thiruviruththam

---

thaniyan
kiDAmbiyAchchAn[99] aruLich cheydhadhu

karu viruththak kuzhi nIththa pin * kAmak kaDungkuzhi vIzhndhu *
oru viruththam pukku uzhaluRuvIr! * uyirin poruLgaTku[100] *
oru viruththam pugudhAmal * kurugaiyar kOn uraiththa *
thiruviruththaththu Or aDi kaRRu irIr * thirunATTagaththE

---

nammAzhvAr aruLich cheydha
ruk vEdha sAramAna
thiruviruththam

thAmAna thanmaiyil aruLich cheydhadhu

2478   ** poynninRa njAnamum * pollA ozhukkum azhukku uDambum *
inninRa nIrmai ini yAm uRAmai ** uyir aLippAn
enninRa yOniyumAyp piRandhAy! imaiyOr thalaivA! *
meynninRu kETTaruLAy * aDiyEn seyyum viNNappamE   1

thalaiviyin vERupADu kaNDa thOzhi viyandhu uraiththal

2479   sezhu nIrth thaDaththhuk * kayal miLirndhAl oppa * sEy arik kaN
azhu nIr thuLumba alamaruginRana ** vAzhiyarO
muzhu nIr mugil vaNNan kaNNan viNNATTavar mUdhuvarAm *
thozhu nIr iNai aDikkE * anbu sUTTiya sUzh kuzhaRkE   2

pirivu ARRAdha thalaivi nenjchu azhindhu uraiththal

2480   kuzhal kOvalar maDap pAvaiyum * maNmagaLum thiruvum *
nizhal pOlvanar kaNDu niRkungkol? mILungkol? ** thaNNanthuzhAy
azhal pOl aDum chakkaraththu aNNal viNNOr thozhak kaDavum *
thazhal pOl sinaththha * appuLLin pin pOna thani nenjchamE   3

---

[99] sIrAmappiLLai alladhu ALavandhAr enRum silar kURuvar
[100] poruLukku

thalaivanaip pirindha thalaivi vADaikku ARRAdhu varundhik kURudhal

2481   thani nenjcham mun avar * puLLE kavarndhadhu * thaNNanthuzhAykku
ini nenjcham ingkuk kavarvadhu yAm ilam ** nI naDuvE
muni vanjchap[101] pEychchi mulai suvaiththAn muDi sUDu thuzhAyp *
pani nanjcha mArudhamE! * emmadhu Avi panippu iyalvE?   4

vADaikku nalindha thalaiviyin mAmai kaNDu thOzhi irangkudhal

2482   panippu iyalvAga * uDaiya thaNvADai * ikkAlam ivvUrp
panippu iyalvu ellAm * thavirndhu eri vIsum ** anthaNNanthuzhAy
panip puyal sOrum * thaDangkaNNi mAmaith thiRaththuk kolAm? *
panip puyal vaNNaN * sengkOl oru nAnRu thaDAviyadhE   5

thalaiviyin ezhil kaNDu viyandha thalaivan vArththai

2483   thaDAviya ambum * murindha silaigaLum pOga viTTu *
kaDAyina koNDu olgum * valli IdhEnum ** asurar mangkak
kaDAviya vEgap paRavaiyin * pAgan madhana sengkOl *
naDAviya kURRam kaNDIr * uyir kAmingaL njAlaththuLLE   6

kAla mayakku

2484   njAlam panippach seRiththu * nannIr iTTukkAl sidhaindhu *
nIla vallERu porA ninRa vAnam idhu ** thirumAl
kOlam sumandhu pirindhAr koDumai kuzhaRu thaN pUng
kAlangkolO? * aRiyEn * vinaiyATTiyEn kANginRavE   7

thalaivan poruLvayil piridhalaik kuRippAl aRindha thalaivi thOzhikku uraiththal

2485   kANginRanagaLum * kETkinRanagaLum kANil * innAL
pAN kunRa nADar payilginRana ** idhu ellAm aRindhOm
mAN kunRam Endhith * thaN mA malai vEngkaDaththu umbar nambum *
sEN kunRam senRu * poruL paDaippAn kaRRa thiNNanavE   8

thalaivan thalaiviyin nIngkalarumai kURudhal

2486   thiN pUnjchuDar nudhi * nEmi anjchelvar * viNNADu anaiya
vaN pU maNi valli * ArE piribavar thAm? ** ivaiyO
kaN pUngkamalam karunjchuDar ADi * veNmuththu arumbi *
vaNpUngkuvaLai * maDa mAn vizhikkinRa mA idhazhE   9

---

[101] nanjcha

madhiyuDambaDukkaluRRa thalaivan kuRaiyuRa uraiththal

2487   mAyOn * vaDa thiruvEngkaDa nADa * vallik koDigAL!
      nOyO uraikkilum * kETkinRiIlr uraiyIr ** numadhu
      vAyO? * adhu anRi valvinaiyEnum kiLiyum eLgum
      AyO? * aDum thoNDaiyO? * aRaiyO! idhu aRivaridhE   10

piRivu ARRAdha thalaiviyin vERupADu kaNDu thalaivan uraiththal

2488   ariyana yAm inRu kANginRana * kaNNan viN anaiyAy!
      periyana kAdham poruTkO * pirivu ena ** njAlam eydhaRku
      uriyana oNmuththum paimponnum Endhi OrO kuDangkaip *
      periyana keNDaik kulam * ivaiyO vandhu pErginRavE   11

thalaivi nenjchoDu kalAyththuth than ARRAmai kURudhal

2489   pErginRadhu * maNi mAmai * piRangki aLLal payalai
      UrginRadhu * kangkul UzhigaLE ** idhu ellAm inavE
      IrginRa chakkaraththu emperumAn kaNNan thaNNanthuzhAy *
      sArginRa nannenjchinAr * thandhu pOna thani vaLamE   12

piRivu ARRAdha thalaivi iruLukkum vADaikkum irangkudhal

2490   thani vaLar sengkOl naDAvu * thazhal vAy arasu aviyap
      pani vaLar sengkOl iruL vIRRirundhadhu ** pAr muzhudhum
      thuni vaLar kAdhal thuzhAyaith thuzhAvu thaNvADai thaDindhu *
      ini vaLai kAppavar Ar? * enai UzhigaL IrvanavE   13

nalam pArATTu

2491   Irvana vElum anjchElum * uyir mEl miLirndhu ivaiyO
      pErvanavO alla * dheyva nal vEL kaNai ** pEr oLiyE
      sOrvana nIlach suDar viDu mEni ammAn * visumbu Ur
      thErvana * dheyvam annIra kaNNO? ichchezhum kayalE   14

thOzhi thalaivanadhu karuththu aRindhu uraiththal

2492   kayalO numa kaNgaL? enRu * kaLiRu vinavi niRRIr *
      ayalOr aRiyilum * Idhu enna vArththai? ** kaDal kavarndha
      puyalODu ulAm koNDal vaNNan puna vEngkaDaththu emmoDum *
      payalO illr * kollai kAkkinRa nALum pala palavE   15

thalaivanaip pirindha thalaivi pAngkiyai nOkki iruL viyandhu uraiththal

2493 pala pala UzhigaL AyiDum * anRi Or nAzhigaiyaip
pala pala kURu iTTa kURu AyiDum ** kaNNan viN anaiyAy!
pala pala nAL anbar kUDilum nIngkilum yAm melidhum *
pala pala sUzhal uDaiththu * amma! vAzhi ippAy iruLE   16

thalaivi kaDalai nOkkith thErvazhi thUral enRal

2494 iruL virindhAl anna * mA nIrth thirai koNDu vAzhiyarO *
iruL pirindhAr anbar * thEr vazhi thUral ** aravaNai mEl
iruL viri nIlak karu nAyiRu suDar kAlvadhu pOl *
iruL viri sOdhi * perumAn uRaiyum eRi kaDalE!   17

kAla mayakku (nampiLLai nirvAham)
kAr kaNDu nalindha thalaiviyin ARRAmai kaNDu
pAngki irangkudhal (vAdhikEsari jIyar nirvAham)

2495 kaDal koNDu ezhundhadhu vAnam * avvAnaththai anRich senRu *
kaDal koNDu ozhindha adhanAl idhu ** kaNNan maNNum viNNum
kaDal koNDu ezhundha akkAlam kolO? puyal kAlam kolO? *
kaDal koNDa kaNNIr * aruvi seyyA niRkum kArigaiyE[102]   18

sevili pazhikku irangkudhal; pAngki irangkudhalumAm

2496 kArigaiyAr * niRai kAppavar yAr enRu * kAr koNDu innE
mAri kai ERi * aRaiyiDum kAlaththum ** vAzhiyarO
sArigaip puLLar anthaNNanthuzhAy iRai kUy aruLAr *
sEri kai Erum * pazhiyAy viLaindhadhu en chinmozhikkE   19

veRi vilakku

2497 chinmozhi nOyO * kazhi perundheyvam * innOy inadhu enRu
inmozhi kETkum * iLandheyvam anRu idhu ** vEla! nil nI
en mozhi kENmin en ammanaimIr! * ulagu Ezhum uNDAn
sol mozhi * mAlai anthaNNanthuzhAy koNDu sUTTuminE   20

---

[102] kArigaikkE

ERukOL kURi varaivukaDAdhal

2498 [103]sUTTu nanmAlaigaL * thUyana Endhi * viNNOrgaL nannIr
ATTi * anthUbam tharA niRkavE angku ** Or mAyaiyinAl
ITTiya veNNai thoDu uNNap pOndhu imil ERRu van kUn *
kOTTiDai ADinai kUththu * aDal Ayar tham kombinukkE   21

thOzhi thalaivanai nagaiyADudhal

2499 kombu Ar thazhai kai * siRu nAN eRivu ilam * vETTai koNDATTu
ambu Ar kaLiRu * vinavuvadhu aiyar ** puL Urum kaLvar
tham pAr agaththu enRum ADAdhana thammil kUDAdhana *
vambu Ar vinAch sollavO * emmai vaiththadhu ivvAn punaththE   22

thalaivan kuraiyuRa uraiththal

2500 punamO? punaththu ayalE * vazhi pOgum aruvinaiyEn *
manamO? magaLir! * num kAval sollIr ** puNDarIgaththu angkEzh
vanam Or anaiya kaNNAn kaNNan vANADu amarum * dheyvaththu
inam Or anaiyIrgaLAy * ivaiyO num iyalvugaLE?   23

pirivu ARRAdha thalaiviyin IDupADu kaNDa sevili irangkudhal

2501 iyalvu Ayina * vanjcha nOy koNDu ulAvum * OrO kuDangkaik
kayal pAyvana * peru nIrk kaNgaL thammoDum ** kunRam onRAl
puyal vAyina nirai kAththa puL Urdhi kaL Urum thuzhAyk *
koyal vAy malar mEl * manaththhoDu ennAngkol engkOl vaLaikkE?   24

thalaimaganadhu thAril IDupaTTa thalaivi ARRAdhu kURudhal

2502 engkOl vaLai mudhalAk * kaNNan maNNum viNNum aLikkum *
sengkOl vaLaivu viLaivikkumAl ** thiRal sEr amarar
thangkOnuDaiya thangkOn * umbar ellA yavarkkum thangkOn *
nangkOn ugakkum thuzhAy * en seyyAdhu ini nAnilaththE?   25

nagar kATTudhal

2503 nAnilam vAyk koNDu * nannIr aRam enRu kOdhu koNDa *
vEnil am selvan suvaiththu umizh pAlai ** kaDandha ponnE!
kAl nilam thOyndhu * viNNOr thozhum kaNNan veqkA udhu * ampUn
thEniLam[104] sOlai appAladhu * eppAlaikkum sEmaththhadhE   26

---

[103] idhu thirumanjchana kAlaththhil sEvikkappaDuvadhu
[104] thEnalam

thalaivi thAr peRRu magizhdhal

2504   sEmam sengkOn aruLE * seruvArum naTpu Aguvar enRu *
Emam peRa vaiyam sollum meyyE ** paNDu ellAm aRai kUy
yAmangkaL thORu eri vIsum nam kaNNan anthaNNanthuzhAyth *
thAmam punaiya * avvADai IdhO vandhu thaN enRadhE   27

thalaivanaip pirindha thalaivi vADaikku varundhi irangkudhal

2505   thaNNanthuzhAy * vaLai koLvadhu yAm izhappOm * naDuvE
vaNNam thuzhAvi * Or vADai ulAvum ** vaLvAy alagAl
puL nandhu uzhAmE poru nIrth thiruvarangkA! aruLAy *
eNNam thuzhAvum iDaththu * uLavO paNDum innannavE?   28

thalaivi annaththai veRuththu uraiththal

2506   innanna thUdhu emmai * AL aRRap paTTu irandhAL ivaL enRu *
annanna sollAp peDaiyoDum * pOy varum ** nIlam uNDa
min anna mEnip perumAn ulagil peN thUdhu sellA *
annanna nIrmai kolO? * kuDich sIrmaiyil annangkaLE!   29

thalaivi annangkaLaiyum vaNDAnangkaLaiyum thUdhu vENDudhal

2507   annam selvIrum * vaNDAnam selvIrum thozhudhu irandhEn *
munnam selvIrgaL * maRavEnminO ** kaNNan vaigundhanODu
en nenjchinARaik kaNDAl ennaich solli * avariDai nIr
innam sellIrO? * idhuvO thagavu enRu isaiminkaLE!   30

thUdhu sellAdha mEgangkaLaik kuRiththuth thalaivi irangkudhal

2508   isaiminkaL thUdhu enRu * isaiththAl isaiyilam * en thalai mEl
asaiminkaL enRAl * asaiyungkol Am? ** ampon mAmaNigaL
thisai min miLirum thiruvEngkaDaththu van thAL * simaya
misai min miLiriya pOvAn * vazhik koNDa mEgangkaLE !   31

thalaivi pOli kaNDu uraiththal

2509   mEgangkaLO! uraiyIr * thirumAl thirumEni okkum
yOgangkaL * ungkaLukku evvARu peRRIr? ** uyir aLippAn
mAgangkaL ellAm thirindhu nannIrgaL sumandhu * nuntham
Agangkal nOva * varuththum thavamAm aruL peRRadhE   32

thalaiviyin ARRAmai kaNDa thOzhi thalaivanai veRuththu uraiththal

2510   aruL Ar thiruchchakkaraththAl * agal visumbum nilanum *
iruL Ar vinai keDach * sengkOl naDAvudhir ** Ingku Or peNpAl
poruLO enum igazhvO? ivaRRin puRaththAL enRu eNNO? *
theruLOm aravaNaiyIr! * ivaL mAmai sidhaikkinRadhE   33

kUDal izhaiththu varundhum thalaivi nilaiyaip pAngki thalaivaRku uNarththal

2511   sidhaikkinRadhu Azhi * enRu Azhiyaich sIRi * than sIRaDiyAl[105]
udhaikkinRa nAyagam thannoDu mAlE! ** unadhu thaNthAr
thadhaikkinRa thaNNanthuzhAy aNivAn * adhuvE manamAyp
padhaikkinRa mAdhin thiRaththu * aRiyEn seyaRpAladhuvE   34

thalaivi mAlaikku ARRAmaiyin mEl vADaikku irangkudhal

2512   pAl vAyp piRaip piLLai * okkalaik koNDu * pagal izhandha
mEl pAl thisaip peN * pulambu uRu mAlai ** ulagu aLandha
mAl pAl thuzhAykku manam uDaiyArkku nalkiRRai ellAm *
sOlvAn pugundhu * idhu Or pani vADai thuzhAginRadhE   35

thOzhi thalaivan koDumai kURudhal

2513   thuzhA neDunjchUzh iruL enRu * thanthaN[106] thAr adhu peyarA *
ezhA neDu Uzhi ezhundha ikkAlaththum ** Ingku ivaLO!
vazhA neDunthunbaththaL enRu irangkAr ammanO! * ilangkaik
kuzhA neDu mADam * iDiththa pirAnAr koDumaigaLE!   36

naRRAy than magaL senRa suraththharumai kURi irangkudhal

2514   koDungkAl silaiyar * nirai kOL uzhavar * kolaiyil veyya
kaDungkAl iLainjar * thuDi paDum kavvaiththu ** aruvinaiyEn
neDungkAlamum kaNNan nIL malarp pAdham paravip peRRa *
thoDungkAl osiyum iDai * iLamAn senRa sUzh kaDamE   37

thalaivanaip pirindha thalaivi pOli kaNDu magizhdhal

2515   kaDam AyinagaL kazhiththu * than[107] kAl vanmaiyAl * pala nAL
thaDam Ayina pukku * nIr nilai ninRa thavam idhu kol? **
kuDam ADi immaNNum viNNum kulungka ulagu aLandhu *
naDam ADiya perumAn * uru oththana nIlangkaLE   38

---

[105] sIraDiyAl
[106] than
[107] tham

thalaivanadhu uruveLippADu kaNDa thalaivi thOzhikku kURudhal

2516 nIlath thaDa varai mEl * puNDarIga neDunthaDangkaL
pOla * polindhu emakku ellA iDaththavum ** pongku munnIr
njAlap pirAn visumbukkum pirAn maRRum nallOr pirAn *
kOlam kariya pirAn * empirAn kaNNin kOlangkaLE   39

iruL kaNDu irangkiya thalaivi thOzhikku varaivu viruppu uraiththal

2517 kOlap pagal kaLiRu onRu kal puyya * kuzhAm virindha
nIlak kangkul kaLiRu ellAm niRaindhana[108] ** nEr izhaiyIr !
njAlap pon mAdhin maNALan thuzhAy nangkaL * sUzh kuzharkE
Elap punaindhu ennaimAr * emmai nOkkuvadhu enRu kolO?   40

vADaikku varundhiya thalaimagaL vArththai

2518 enRum pun vADai idhu kaNDu aRidhum * ivvARu vemmai
onRum * uruvum suvaDum theriyilam ** Ongku asurar
ponRum vagai puLLai UrvAn aruL aruLAdha innAL *
manRil niRai pazhi thURRi * ninRu ennai[109] van kARRu aDumE   41

thalaivi thalaivanadhu kaNNazhagil IDupaTTu viyandhu uraiththal

2519 van kARRu aRaiya * orungkE maRindhu kiDandhu alarndha *
men kAl kamalath thaDam pOl polindhana ** maNNum viNNum
en kARku aLavu inmai kANmin enbAn oththu vAn nimirndha *
than kAl[110] paNindha en pAl * empirAna thaDangkaNgaLE   42

thalaivanadhu uruvezhil uraiththa thalaimagaL vArththai

2520 kaNNum senthAmarai * kaiyum avai aDiyO avaiyE *
vaNNam kariyadhu Or mAl varai pOnRu ** madhi vikaRpAl
viNNum kaDandhu umbar appAl mikku maRRu eppAl yavarkkum *
eNNum iDaththadhuvO? * empirAnadhu ezhil niRamE   43

thalaivi thalaivanadhu perumai uraiththal

2521 niRam uyar kOlamum * pErum uruvum ivai ivai enRu *
aRa muyal njAnach samayigaL pEsilum ** angku angku ellAm
uRa uyar njAnach suDar viLakkAy ninRadhu anRi onRum *
peRa muyanRAr illaiyAl * empirAna perumaiyaiyE   44

---

[108] nirandhana
[109] emmai
[110] pAl

thalaivi thalaivanadhu nIriDai udhaviyai ninaindhu uraiththal

2522 perum kEzhalAr * tham perungkaN malarp puNDarIkam * nam mEl
    orungkE piRazha vaiththAr * ivvakAlam ** oruvar nam pOl
    varum kEzhbavar uLarE? thollai vAzhiyam sUzh piRappu *
    marungkE varap peRumE? * sollu vAzhi maDa nenjchamE!   45

nenjchai thUdhu viTTa thalaivi irangkudhal

2523 maDa nenjcham enRum * thamadhu enRum * Or karumam karudhi
    viDa nenjchai uRRAr * viDavO amaiyum ** appon peyarOn
    thaDa nenjcham kINDa pirAnAr thamadhu aDikkIzh viDap pOyth
    thiDa nenjchamAy * emmai nIththu inRu thARum thiriginRadhE   46

pirivu ARRAdhu varundhum thalaivi nilai kaNDu sevili irangkudhal

2524 thiriginRadhu * vaDa mArudham * thingkaL venthI mugandhu *
    soriginRadhu * adhuvum adhu ** kaNNan viN Ur thozhavE
    sariginRadhu sangkam thaNNanthuzhAykku vaNNam payalai
    viriginRadhu * muzhu meyyum * ennAngkol en melliyaRkE?   47

nannimiththam kaNDu thAn ARi iruththalaith thalaivi thOzhikkuk kURudhal

2525 melliyal Akkaik kirumi * kuruvil miLirthandhu AngkE
    selliya selgaiththu * ulagai en kANum? ** ennAlum thannaich
    solliya sUzhal thirumAlavan kavi yAdhu kaRREn *
    palliyin sollum sollA * koLvadhO uNDu paNDu paNDE   48

iruLukku ARRAdha thalaivi thOzhikkuk kURudhal

2526 paNDum pala pala * vIngku iruL kANDum * ippAy iruL pOl
    kaNDum aRivadhum * kETpadhum yAm ilam ** kALa vaNNa
    vaNDu uN thuzhAyp perumAn madhusUdhanan * dhAmOdharan
    uNDum umizhndhum kaDAya * maN Er anna oNNudhalE!   49

thalaivan mINDu varugaiyil pAganoDu kURudhal

2527 oNNudhal mAmai * oLi payavAmai * viraindhu nanthEr
    naNNudhal vENDum * valava! kaDAka inRu ** thEn navinRa
    viN mudhal nAyagan nIL muDi veNmuththa vAsigaiththAy *
    maN mudhal sErvuRRu * aruvi seyyA niRkum mAmalaikkE   50

kaDal Osaikku ARRAdha thalaivi irangkudhal

2528 malai koNDu maththA aravAl suzhaRRiya * mAyap pirAn *
alai kaNDu koNDa * amudham koLLAdhu kaDal ** paradhar
vilai koNDu thandha sangkam ivai vErith thuzhAy thuNaiyAth *
thulai koNDu thAyam kiLarndhu * koLvAn oththu azhaikkinRadhE 51

kAla mayakku

2529 azhaikkum karungkaDal * veNthiraik kaik[111] koNDu pOy * alar vAy
mazhaik kaN maDandhai * aravaNai ERa ** maN mAdhar viN vAy
azhaiththup pulambi mulai malai mEl ninRum ARugaLAy *
mazhaik kaNNa nIr * thirumAl koDiyAn enRu vArginRadhE! 52

kaTTuvichchi kURudhal

2530 vAr Ayina mulaiyAL ivaL * vAnOr thalaimaganAm *
sIr Ayina * dheyva nannOy idhu ** dheyvath thaNNanthuzhAyth
thAr Ayinum thazhai Ayinum thaNkombu adhu Ayinum * kIzh
vEr Ayinum * ninRa maN Ayinum koNDu * vIsuminE 53

vaNDu viDu thUdhu

2531 vIsum siRagAl paRaththir * viNNADu nungkaTku eLidhu *
pEsumpaDi * anna pEsiyum pOvadhu ** ney thoDu uNDu
EsumpaDi anna seyyum em Isar viNNOr pirAnAr *
mAsu il malar aDik kIzh * emmaich sErvikkum vaNDugaLE! 54

nalam pArATTu

2532 vaNDugaLO! vammin * nIrp pU nilap pU maraththil oNpU *
uNDu kaLiththu uzhalvIrkku * onRu uraikkiyam ** Enam onRAy
maN thugaL ADi vaikundham annAL kuzhal vAy virai pOl *
viNDu kaL vArum * malar uLavO num viyal iDaththE? 55

thalaivan iraviDaik kalandhamaiyaith thalaivi thOzhikku uraiththal

2533 viyal iDam uNDa pirAnAr * viDuththa thiruvaruLAl *
uyal iDam peRRu uyndham * anjchalam thOzhi! ** Or thaNthenRal vandhu
ayaliDai yArum aRindhilar * ampUnthuzhAyin inthEn *
puyaluDai nIrmaiyinAl * thaDaviRRu en pulan[112] kalanE 56

---

[111] veNDiraikkE
[112] polan

thalaivan pAngkanukkuk kazhaRRedhir maRuththal

2534   pulak[113] kuNDalap * puNDarIkaththa pOrk keNDai * valli onRAl
        vilakkuNDu ulAginRu * vEl vizhikkinRana ** kaNNan kaiyAl
        malakkuNDu amudham surandha maRi kaDal pOnRu avaRRAl *
        kalakkuNDa nAnRu kaNDAr * emmai yArum kazhaRalarE   57

thOzhi thalaivan perumaiyai uraiththuth thalaiviyai ARRudhal

2535   kazhal thalam onRE * nila muzhudhu AyiRRu * oru kazhal pOy
        nizhal thara * ellA visumbum niRaindhadhu ** nINDa aNDaththu
        uzhaRu alar njAnach suDar viLakkAy uyarndhOrai illA *
        azhaRu alar thAmaraik kaNNan * ennO ingku aLakkinRadhE?   58

iravu nIDudhaRku ARRAdha thalaiviyaip paRRich sevili irangkudhal

2536   aLapparum thanmaiya * Uzhi angkangkul * anthaNNanthuzhAykku
        uLap perum kAdhalin * nILiyavAy uLa ** Ongku munnIr
        vaLap peru nADan madhusUdhanan ennum valvinaiyEn *
        thaLap peru nIL muRuval * seyya vAya thaDa mulaiyE   59

thalaimagaL iLamaikkuch sevili irangkudhal

2537   ** mulaiyO * muzhu muRRum pOndhila * moy pUngkuzhal kuRiya
        kalaiyO arai illai * nAvO kuzhaRum ** kaDal maN ellAm
        vilaiyO ena miLirum kaN ivaL paramE? * perumAn
        malaiyO * thiruvEngkaDam enRu * kaRkinRa vAsagamE   60

thOzhi thalaivanadhu nIrmaiyaith thalaivikkuk kURudhal

2538   vAsagam seyvadhu * nam paramE? * thollai vAnavar tham
        nAyagan * nAyagar ellAm thozhumavan ** njAla muRRum
        vEy agam Ayinum sOrA vagai * iraNDE aDiyAl
        thAyavan * Ayk kulamAy vandhu thOnRiRRu nam iRaiyE   61

thalaiviyin ARRAmaiyaith thOzhi thalaivanukkuk kURudhal

2539   iRaiyO irakkinum Ingku Or peNpAl * enavum irangkAdhu *
        aRaiyO! ena * ninRu adhirum karungkaDal ** Ingku ivaL than
        niRaiyO ini un thiruvaruLAl anRik * kAppu aridhAl
        muRaiyO? * aravaNai mEl paLLi koNDa mugil vaNNanE   62

---

[113] pola

thalaivanai iyaRpazhiththa thOzhikkuth thalaivi iyaRpaDa mozhidhal

2540   vaNNam sivandhuLa * vAnADu amarum kuLir vizhiya *
thaN men kamalath thaDam pOl * polindhana ** thAm ivaiyO
kaNNan thirumAl thirumugam thannoDum kAdhal seydhERku *
eNNam pugundhu * aDiyEnoDu ikkAlam irukkinRadhE[114]   63

thalaivan pEr kURith thariththu iruththalaith thalaivi thOzhikkuk kURi irangkal

2541   irukku Ar mozhiyAl * neRi izhukkAmai * ulagu aLandha
thiruththAL iNai nilath thEvar vaNangkuvar ** yAmum avA
orukkA vinaiyoDum emmoDum nondhu kani inmaiyin
karukkAy * kaDippavar pOl * thirunAmach sol kaRRanamE   64

thalaimagaL nOkkil IDupaTTa thalaivan pAngkanoDu kURudhal

2542   kaRRup piNai malark * kaNNin kulam venRu * OrO karumam
uRRup payinRu * seviyoDu usAvi ** ulagam ellAm
muRRum vizhungki umizhndha pirAnAr * thiruvaDik kIzh
uRRum uRAdhum * miLirndha kaNNAy * emmai uNginRavE   65

thalaivan pAngkanukkuk kazhaRRedhir maRuththal

2543   uNNAdhu uRangkAdhu * uNarvu uRum eththanai yOgiyarkkum *
eN Ay miLirum * iyalvinavAm ** eri nIr vaLi vAn
maN Agiya emperumAn * thanadhu vaikundham annAL *
kaN Ay aruvinaiyEn * uyir Ayina kAvigaLE   66

thalaivan pAngkanukkuth than valiyazhivu uraiththal

2544   kAviyum nIlamum vElum kayalum * pala pala venRu *
Aviyin thanmai * aLavu alla pArippu ** asuraich[115] seRRa
mA viyam puL valla mAdhavan gOvindhan vEngkaDam sEr *
thUvi am pEDai annAL * kaNgaLAya thuNai malarE   67

kAla mayakku

2545   malarndhE ozhindhila * mAlaiyum mAlaip pon vAsigaiyum *
pulam thOy thazhaip pandhar * thaNDu uRa nARRi ** poru kaDal sUzh
nilam thAviya emperumAn thanadhu vaikundham annAy! *
kalandhAr varavu edhir koNDu * vankonRaigaL kArththanavE   68

---

[114] irukkinRavE
[115] asurar

mAlaikku irangkiya thalaiviyaith thOzhi ARRudhal

2546　kAr ERRiruL segil ERRin * suDarukku uLaindhu * velvAn
　　　pOr ERRu edhirndhadhu * pun thalai mAlai ** buvani ellAm
　　　nIr ERRu aLandha neDiya pirAn * aruLA viDumE? *
　　　vAr ERRu iLa mulaiyAy! * varundhEl un vaLaith thiRamE　　　69

thalaivi iravin neDumaikku irangkudhal

2547　vaLai vAyth thiruchchakkaraththu * engkaL vAnavanAr muDi mEl *
　　　thaLai vAy naRungkaNNith * thaNNan thuzhAykku vaNNam payalai **
　　　viLaivAn miga vandhu nAL thingkaL ANDu Uzhi niRka * emmai
　　　uLaivAn pugundhu * idhu Or kangkul Ayiram UzhigaLE　　　70

sevili veRuththalaith thalaivi thOzhiyarkku uraiththal

2548　UzhigaLAy * ulagu Ezhum uNDAn enRilam * pazham kaNDu
　　　Azhi * kaLAm pazha vaNNam enRERku ** aqdhE koNDu annai
　　　nAzh ivaLO ennum njAlam uNDAn vaNNam * solliRRu ennum *
　　　thOzhigaLO! uraiyIr * emmai ammanai sUzhginRavE　　　71

iruLukku ARRAdha thalaivi iLampiRai kaNDu thaLarndhu uraiththal

2549　sUzhginRa kangkul * surungkA iruLin karunthiNimbai *
　　　pOzhginRa thingkaL ampiLLaiyum pOzhga ** thuzhAy malarkkE
　　　thAzhginRa nenjchaththu oru thamiyATTiyEn mAmaikku inRu *
　　　vAzhginRa ARu idhuvO? * vandhu thOnRiRRu vAliyadhE　　　72

piRaiyuDai mAlaikku ARRAdha thalaiviyin thaLarchchikkup pAngki irangkudhal

2550　vAl veNNilavu ulagu Arach surakkum * veNthingkaL ennum *
　　　pAl viN suravi * sura mudhir mAlai ** paridhi vaTTam
　　　pOlum suDar aDal Azhip pirAn * pozhil Ezh aLikkum
　　　sAlbin thagaimai kol Am? * thamiyATTi thaLarndhadhuvE　　　73

thalaivanadhu thArmaNam koNDu varum thenRalaith thalaivi magizhndhu uraiththal

2551　thaLarndhum muRindhum * varu thiraip pAyal * thiru neDungkaN
　　　vaLarndhum aRivuRRum * vaiyam vizhungkiyum ** mAl varaiyaik
　　　kiLarndhu maRi tharak kINDu eDuththAn muDi sUDu thuzhAy *
　　　aLaindhu uN siRu pasunthenRal * andhO! vandhu ulAginRadhE　　　74

madhiyuDampaDukkaluRRa thalaivan thalaivi thOzhiyaraip padhivinAdhal

2552 ulAginRa keNDai oLi ambu * em Aviyai * UDu uruvak
kulAginRa * venjchilai vAL mugaththIr! ** kuni sangku iDaRip
pulAginRa * vElaip puNari ampaLLi ammAn * aDiyAr
nilAginRa vaigundhamO? * vaiyamO? num nilai iDamE   75

mAlai peRAdhu varundhum thalaivi madhikku varundhi nenjchoDu kURudhal

2553 iDam pOy virindhu ivvulagu aLandhAn * ezhil Ar thaNthuzhAy *
vaDam pOdhu inaiyum[116] maDa nenjchamE! ** nangkaL veLvaLaikkE
viDam pOl viridhal idhu viyappE? * viyan thAmaraiyin *
thaDam pOdhu oDungka * mel Ambal alarvikkum veNthingkaLE 76

thalaivi mAlaip pozhudhu kaNDu varundhudhal

2554 thingkaL ampiLLai pulamba * than sengkOl arasu paTTa
sengkaLam paRRi * ninRu eLgu punmAlai ** thenpAl ilangkai
vengkaLam seydha nam viNNOr pirAnAr thuzhAy thuNaiyA *
nangkaLai mAmai koLvAn * vandhu thOnRi naliginRadhE   77

pirivu ARRAdha thalaivi thalaivan ARRalaik karudhi nenjchu azhindhu irangkudhal

2555 naliyum naraganai vITTiRRum * vANan thiNthOL thuNiththa
valiyum perumaiyum * yAm sollum nIrththu alla ** mai varai pOl
poliyum uruviR pirAnAr punai pUnthuzhAy malarkkE *
meliyum maDa nenjchinAr * thandhu pOyina vEdhanaiyE   78

thalaivanaip piriyAdha magaLiradhu siRappaik kURith thalaivi irangkudhal

2556 vEdhanai * veNpuri nUlanai * viNNOr parava ninRa
nAdhanai * njAlam vizhungkum anAdhanai ** njAlam thaththum
pAdhanaip pARkaDal pAmbaNai mEl paLLi koNDu aruLum *
sIdhanaiyE thozhuvAr * viNNuLArilum sIriyarE   79

pirivu ARRAdha thalaivi mAlaip pozhudhu kaNDu irangkudhal

2557 sIr arasu ANDu than sengkOl * sila nAL sellik kazhindha *
pAr arasu oththu * maRaindhadhu nAyiRu ** pAr aLandha
pEr arasE! em visumbu arasE! emmai nIththu vanjchiththa *
Or arasE! aruLAy * iruLAy vandhu uRuginRadhE   80

---

[116] pOdhil naiyum 76

veRi vilakkuvikka ninaindha thOzhi irangkudhal

2558   uRuginRa kanmangkaL * mElana OrppilarAy * ivaLaip
peRuginRa thAyar * mey nondhu peRAr kol? ** thuzhAy kuzhal vAyth
thuRuginRilar thollai vEngkaDam ATTavum sUzhginRilar *
iRuginRadhAl ivaL Agam * mel Avi eri koLLavE   81

uruveLippADu kaNDa thalaivi thalaivan kaNNazhagukku irangkudhal

2559   eri koL sennAyiRu * iraNDu uDanE udhayam malai vAy *
viriginRa vaNNaththa * emperumAn kaNgaL ** mINDu avaRRuL
eri koL senthI vIzh asuraraip pOla em pOliyarkkum *
viriva sollIr idhuvO? * vaiyam muRRum viLariyadhE   82

anRilin kuralukku ARRAdha thalaiviyin thaLarchchi kaNDu thOzhi irangkudhal

2560   viLarik kural anRil menpaDai mEginRa * munRil peNNai *
muLarik kurambai idhu idhuvAga ** mugil vaNNan pEr
kiLarik kiLarip pidhaRRum mel Aviyum naivum ellAm *
thaLariR kolO? aRiyEn * uyyal Avadhu iththaiyalukkE   83

thalaivi thalaivanaik kANa viraidhal

2561   thaiyal nallArgaL kuzhAngkaL kuzhiya kuzhuvin uLLum *
aiya nallArgaL * kuzhiya vizhavinum ** angku angku ellAm
kaiya pon Azhi veNsangkoDum kANbAn avAvuvan nAn *
maiya vaNNA! maNiyE! * muththamE! endhan mANikkamE!   84

mAlaip pozhudhu kaNDu varundhiya thalaivi irangkudhal

2562   mANikkam koNDu kurangku eRivu oththu * iruLODu muTTi *
ANip pon anna * suDar paDu mAlai ** ulagu aLandha
mANikkamE! en maradhagamE! maRRu oppArai illA *
ANip ponnE! * aDiyEn aDi[117] Avi aDaikkalamE!   85

thalaivanaip pirindha thalaivi irangkudhal

2563   aDaik kalaththu Ongku kamalaththu alar ayan * senni ennum *
muDaik kalaththu UN * mun aranukku nIkkiyai ** Azhi sangkam
paDaikkalam Endhiyai * veNNeykku anRu Aychchi van thAmbugaLAl *
puDaikku alandhAnai[118] emmAnai * en sollip pulambuvanE?   86

---

[117] uDai
[118] alarndhAnai

anRiRkum Azhikkum ARRAdha thalaivikkuth thOzhi irangkudhal

2564 pulambum kana[119] kural * pOzh vAya anRilum * pUngkazhi pAyndhu
alambum kana kural * sUzh thirai Azhiyum ** Angku avai nin
valam puLLadhu nalam pADum idhu kuRRamAga * vaiyam
silambumpaDi seyvadhE? * thirumAl iththiruvinaiyE   87

pOli kaNDu azhigiRa thalaivi ARRAmaikku irangkudhal

2565 thiru mAl uru okkum mEru * ammEruvil senjchuDarOn *
thiru mAl thiruk kaith thiruch chakkaram okkum ** anna kaNDum
thiru mAl uruvODu avan chinnamE pidhaRRA niRpadhu * Or
thiru mAl thalaik koNDa nangkaTku * engkE varum thIvinaiyE?   88

thalaivan kalavikku viraigiRa thalaivi irangkudhal

2566 thI vinaikku aru[120] nanjchai * nal vinaikku innamudhaththinai *
pUvinai mEviya * dhEvi maNALanai ** punmai eLgAdhu
Avinai * mEykkum val Ayanai * anRu ulagu IraDiyAl
thAvina ERRai emmAnai * enjnjAnRu thalaippeyvanE?   89

thalaivanaip pirindha thalaivi kAla nITTippukku ARRAdhu uraiththal

2567 thalaippeydhu yAn * un thiruvaDich sUDum thagaimaiyinAl *
nilaippu eydha Akkaikku * nORRa immAyamum ** mAyam sevvE
nilaippu eydhilAdha nilaimaiyum kANthORu asurar kuzhAm *
tholaip peydha nEmi endhAy! * thollai Uzhi surungkaladhE   90

thOzhikkuth thalaivi than kaRpuNarththi aRaththhoDu niRRal

2568 surungku uRi veNNey * thoDu uNDa kaLvanai * vaiyam muRRum
orungku uRa uNDa peru vayiRRALanai ** mAvali mATTu
irungkuRaL Agi isaiya Or mUvaDi vENDich senRa *
perungkiRiyAnai allAl * aDiyEn nenjcham pENaladhE   91

vEndhaRkuRRuzhip pirivil thalaivanaik kuRiththhuth thalaivi irangkudhal

2569 pENalam illA arakkar * munnIra perum padhi vAy *
nIL nagar nIL eri vaiththharuLAy enRu ** ninnai viNNOr
thAL nilam thOyndhu thozhuvar * nin mUrththhi pal kURRil onRu *
kANalum Angkol? enRE * vaigal mAlaiyum kAlaiyumE   92

---

[119] kanai
[120] Aru

iruL kaNDu anjchugiRa thalaivi thOzhi seviliyarai veRuththal

2570   kAlai veyyORku mun OTTuk koDuththa * kangkul kuRumbar *
        mAlai veyyOn paDa * vaiyagam pAvuvar ** anna kaNDum
        kAlai nalnjAnath thuRai paDindhu ADik kaN pOdhu seydhu *
        mAlai nal nAvil koLLAr * ninaiyAr avan maip paDiyE   93

thalaiviyaik kaNDa pAngkan thalaivanai aDuththu viyandhu kURudhal

2571   maip paDi mEniyum * senthAmaraik kaNNum vaidhigarE *
        meyp paDiyAl * un thiruvaDich sUDum thagaimaiyinAr **
        eppaDi UrA milaikkak kuruTTA milaikkum ennum *
        appaDi yAnum sonnEn * aDiyEn maRRu yAdhu enbanE?   94

thalaivi aRaththhoDu niRkath thuNidhal

2572   ** yAdhAnum * Or Akkaiyil pukku * angku AppuNDum Appu avizhndhum
        mUdhu Aviyil thaDumARum * uyir munnamE ** adhanAl
        yAdhAnum paRRi nIngkum viradhaththai nal vIDu seyyum *
        mAthAvinaip pithuvai * thirumAlai vaNangkuvanE   95

thalaivi veRi vilakkuvikka ninaiththhal

2573   vaNangkum thuRaigaL * pala pala Akki * madhi vigaRpAl
        piNangkum samayam * pala pala Akki ** avai avai thORu
        aNangkum pala pala Akki nin mUrththhi parappi vaiththhAy *
        iNangku ninnOrai illAy! * ninkaN vETkai ezhuvippanE   96

thalaivan pirivil thuyil koLLAdha thalaivi irangkudhal

2574   ezhuvadhum mINDE * paDuvadhum paTTu * enai UzhigaL pOyk
        kazhivadhum * kaNDu kaNDu eLgal allAl ** imaiyOrgaL kuzhAm
        thozhuvadhum sUzhvadhum sey thollai mAlaik kaN Arak kaNDu *
        kazhivadhu Or kAdhal uRRArkkum * uNDO kaNgaL thunjchudhalE?   97

thalaivanadhu arumai ninaiththhu kavalgiRa thalaivikkuth thOzhi kURudhal

2576   thunjchA munivarum allAdhavarum * thoDara ninRa *
        enjchAp piRavi * iDar kaDivAn ** imaiyOr thamakkum
        than sArvu[121] ilAdha thanip peru mUrththhi than mAyam sevvE *
        nenjchAl ninaippu aridhAl * veNNey UN ennum Inach sollE   98

---

[121] thanjchArvu / than sAlbu

thalaivi thanakkuth thalaivaniDaththuLLa anbuRudhiyaith thOzhikkuk kURudhal

2576   ** Inach sol Ayinum Aga * eRi thirai vaiyam muRRum
        Enaththu uruvAy * iDandha pirAn ** irungkaRpagam sEr
        vAnaththavarkkum allAdhavarkkum maRRu ellA yavarkkum *
        njAnap pirAnai allAl illai * nAn kaNDa nalladhuvE   99

nURpayan

2577   ** nallAr navil kurugUr nagarAn * thirumAl thirup pEr
        vallAr aDik kaNNi sUDiya ** mARan viNNappam seydha
        sol Ar thoDaiyal innURum vallAr * azhundhAr piRappAm
        pollA aruvinai * mAya vansERRu aLLal poynnilaththE   100

aDivaravu:
        poy sezhu kuzhal thani pani thaDA njAlam
        kANginRa thiNpUm mAyOn ariyana.
        ariyana pErgin thanivaLar Irvana
        kayalO pala iruL kaDal kAri chin sUTTu.
        sUTTu kombAr punamO iyalvAy
        angkOl nANilam sEmam thaN in annam.
        annam isai mEgam aruLAr sidhai pAl
        thuzhA koDum kaDamA nIla kOla enRum.
        enRum vankAR kaNNum niRam perum
        maDam thiri melliyal paNDu oNNudhal malai.
        malai azhai vArAy vIsum vaN viyal
        pulakkuN kazhalthalam aLapparum mulaiyO.
        mulaiyO vAsagam iRaiyO vaNNam
        irukkAr kaRRuppiNai uNNAdhu.
        uNNA kAvi malarndhE kArE
        vaLaivAy UzhigaL sUzhginRa vAlveN.
        vAlveN thaLarndhum ulAginRa iDampOy
        thingkaLam naliyum vEdhanai sIrarasu.
        sIrarasu uRuginRa erikoL viLari
        thaiyal mANikkam aDaikkalam pulambum.
        pulambum thirumAl thIvinai thalaippey
        suRungkuRi pENalam kAlaiveyyOn mai.
        maippaDi yAdhAn vaNangkum ezhuvadhum
        thunjchA Ina nallAr sekkar
dhasaka aDivaravu: poy ariyana sUTTu isai enRum malai vAsagam
        Uzhi uRuginRa surungku sekkar

nammAzhvAr thiruvaDigaLE sharaNam

nammAzhvAr aruLich cheydha
yajur vEdha sAramAna
thiruvAsiriyam

---

thaniyan
aruLALap perumAL emperumAnAr aruLich cheydhadhu
(kaliviruththam)

kAsiniyOr thAm vAzhak * kali yugaththE vandhu udhiththu *
Asiriyap pA adhanAl * arumaRai nUl viriththAnaith *
thEsikanaip parAngkusanaith * thigazh vaguLath thArAnai *
mAsu aDaiyA manaththu vaiththu * maRavAmal vAzhththudhumE

---

nammAzhvAr aruLich seydha
yajur vEdha sAramAna
thiruvAsiriyam

2578   ** sekkar mA mugil uDuththu mikka senjchuDarp
       paridhi sUDi * anjchuDar madhiyam pUNDu *
       pala suDar punaindha pavaLach sevvAy *
       thigazh pasunjchOdhi maradhagak kunRam *
       kaDalOn kai misaik kaN vaLarvadhu pOl *
       pIthaga ADai muDi pUN mudhalA *
       mEthagu[122] palkalan aNindhu * sOdhi
       vAyavum kaNNavum sivappa * mIdhiTTup
       pachchai mEni migap pagaippa *
       nachchu vinaik kavar thalai aravu in amaLi ERi *
       eRi kaDal naDuvuL aRi thuyil amarndhu *
       sivan ayan indhiran ivar mudhal anaiththhOr *
       dheyvak kuzhAngkaL kai thozhak kiDandha *
       thAmarai undhi thanip perum nAyaga! *
       mUvulagu aLandha sEvaDiyOyE!   1

---

[122] meythagu

2579   ulagu paDaiththu uNDa endhai * aRai kazhal
       suDarp pUnthAmarai sUDudhaRku * avAvu A
       ruyir urugi ukka * nEriya kAdhal
       anbil inbu In thERal * amudha
       veLLaththAn Am siRappu viTTu * oru poruTku
       asaivOr asaiga * thiruvoDu maruviya
       iyaRkai * mAyAp peru viRal ulagam
       mUnRinODu nal vIDu peRinum *
       koLvadhu eNNumO theLLiyOr kuRippE?   2

2580   kuRippil koNDu neRip paDa * ulagam
       mUnRu uDan vaNangku thOnRu pugazh ANai *
       mey peRa naDAya dheyvam mUvaril
       mudhalvan Agi * suDar viLangku agalaththu *
       varai purai thirai pora[123] peru varai veruvara[124] *
       uru mural oli mali naLir kaDal paDa ara
       varasu uDal thaDa varai suzhaRRiya * thani mAth
       dheyvaththu aDiyavarkku ini nAm AL AgAvE
       isaiyum kol? * Uzhi thORu Uzhi OvAdhE   3

2581   Uzhi thORu Uzhi OvAdhu * vAzhiya
       enRu yAm thozha isaiyum kol? *
       yAvagai ulagamum yAvarum illA *
       mEl varum perum pAzh[125] kAlaththu * irum poruT
       kellAm arum peRal thani viththu * oru thAn
       Agith dheyva nAnmugak kozhu muLai
       InRu * mukkaN IsanoDu dhEvu pala
       nudhali * mUvulagam viLaiththa undhi *
       mAyak kaDavuL mA mudhal aDiyE   4

2582   mA mudhal aDip pOdhu onRu kavizhththu alarththi *
       maN muzhudhum agappaDuththu * oN suDar aDip pOdhu
       onRu viN selli * nAnmugap puththEL
       nADu viyandhu uvappa * vAnavar muRai muRai
       vazhipaDa neRIi * thAmaraik kADu
       malark kaNNoDu kani vAy uDaiyadhu
       mAy * iru nAyiRu Ayiram malarndhanna *
       kaRpagak kAvu paRpala anna *
       muDi thOL Ayiram thazhaiththa *
       neDiyOykku alladhu[126] aDiyadhO ulagE?   5

---

[123] poru
[124] veruvuRa
[125] pAzhk
[126] alladhum

2583 OO! [127] ulaginadhu iyalvE! * InROL irukka
maNai nIrATTi * paDaiththu iDandhu uNDu umizhn
dhu aLandhu * thErndhu ulagu aLikkum mudhaR perum
kaDavuL niRpa * puDaip pala thAn aRi
dheyvam pENudhal * thanAdhu
pul aRivANmai porundhak kATTi *
kolvana mudhalA allana muyalum *
inaiya seygai inbu thunbu aLi *
thol mA mAyap piRaviyuL nIngkA *
pal mA mAyaththu azhundhumA naLirndhE   6

2584 ** naLir madhich saDaiyanum nAnmugak kaDavuLum *
thaLir oLi imaiyavar thalaivanum mudhalA *
yAvagai ulagamum yAvarum agappaDa *
nilam nIr thI kAl suDar iruvisumbum *
malar suDar piRavum siRidhu uDan mayangka *
oru poruL puRappADu inRi muzhuvadhum
agappaDak karandhu * Or Alilaich sErndha em
peru mA mAyanai alladhu *
oru mA dheyvam maRRu uDaiyamO yAmE?   7

aDivaravu: sekkar ulagu kuRippu Uzhi mAmudhal OOulagu naLir muyaRRi

nammAzhvAr thiruvaDigaLE sharaNam

---

[127] Oo

nammAzhvAr aruLich seydha
atharvaNa vEdha sAramAna
periya thiruvandhAdhi

---

thaniyan
emberumAnAr aruLich seydhadhu
(nErisai veNpA)

mundhuRRa nenjchE! * muyaRRi thariththu uraiththu *
vandhiththu vAy Ara vAzhththhiyE[128] * - sandha
murugu Urum sOlai sUzh * moy pUm porunal *
kurugUran mARan pEr kURu

---

nammAzhvAr aruLich seydha
atharvaNa vEdha sAramAna
periya thiruvandhAdhi

2585   ** muyaRRi sumandhu ezhundhu * mundhuRRa nenjchE! *
iyaRRuvAy * emmoDu nI kUDi ** - nayappu uDaiya
nA In thoDai[129] kiLavi uL * podhivOm * naRpUvaip
pU InRa vaNNan pugazh   1

2586   pugazhvOm pazhippOm * pugazhOm pazhiyOm *
igazhvOm madhippOm * madhiyOm - igazhOm ** maRRu
engkaL mAl! sengkaN mAl! * sIRal nI thI vinaiyOm *
engkaL mAl * kaNDAy ivai   2

2587   ivai anRE nalla * ivai anRE thIya *
ivai enRu * ivai aRivanElum ** - ivai ellAm
ennAl aDaippu nIkku oNNAdhu * iRaiyavanE! *
ennAl seyaRpAladhu en?   3

2588   ennin * migu pugazhAr yAvarE? * pinnaiyum maRRu
eNNil * migu pugazhEn yAn allAl ** - enna
karunjchOdhik * kaNNan kaDal puraiyum * sIlap
perunjchOdhikku * en nenjchu ALpeRRu   4

---

[128] vAzhththi
[129] thoDaik

2589 peRRa thAy nIyE * piRappiththa thandhai nI *
      maRRaiyAr AvArum * nI pEsil ** - eRREyO!
      mAya! mA mAyavaLai mAya * mulai vAy vaiththa *
      nI ammA! kATTum neRi   5

2590 neRi kATTi * nIkkudhiyO? * nin pAl karu mA
      muRi mEni * kATTudhiyO? ** mEl nAL - aRiyOmai *
      en seyvAn eNNinAy? kaNNanE! * Idhu uraiyAy
      en seydhAl * en paDOm yAm?   6

2591 yAmE * aru vinaiyOm sEyOm * en nenjchinAr
      thAmE * aNukkarAych sArndhu ozhindhAr ** - pU mEya
      semmAdhai * nin mArvil sErviththu * pAr iDandha
      ammA! * nin pAdhaththu arugu   7

2592 arugum suvaDum * therivu uNarOm * anbE
      perugum miga * idhu en? pEsIr ** - parugalAm
      paNbu uDaiyIr! pAr aLandhIr! * pAviyEm kaN kANbu ariya *
      nuNbu uDaiyIr! nummai numakku   8

2593 numakku aDiyOm enRu enRu * nondhu uraiththu en? * mAlAr
      thamakku avar thAm * sArvu ariyar AnAl? ** - emakku ini
      yAdhAnum * AgiDu kAN nenjchE! * avar thiRaththE
      yAdhAnum * sindhiththu iru   9

2594 iru nAlvar * Iraindhin mEl oruvar * eTTO
      Doru nAlvar * Or iruvar allAl ** - thirumARku
      yAm Ar? vaNakkam Ar? * E pAvam nannenjchE! *
      nAmA miga uDaiyOm nAzh   10

2595 nAzhAl amar muyanRa * vallarakkan innuyirai *
      vAzhA vagai validhal * nin valiyE ** - AzhAdha
      pArum nI vAnum nI * kAlum nI thIyum nI *
      nIrum nIyAy ninRa nI   11

2596 nI anRE Azh thuyaril * vIzhvippAn ninRu uzhanRAy? *
      pOy onRu solli en? * pO nenjchE! ** - nI enRum
      kAzhththu upadhEsam tharinum * kaik koLLAy * kaNNan thAL
      vAzhththuvadhE * kaNDAy vazhakku   12

2597 vazhakkoDu mARukoL anRu * aDiyAr vENDa *
      izhakkavum kANDum * iRaiva! - izhappu uNDE? **
      em ATkoNDu Agilum * yAn vENDa * en kaNgaL
      thammAl * kATTu un mEnich chAy   13

2598   sAyAl kariyAnai * uL aRiyArAy nenjchE! *
      pEyAr mulai koDuththAr * pEyarAy ** - nI yAr? pOyth
      thEmbu UN suvaiththu * Un aRindhu aRindhum * thI vinaiyAm
      pAmbAr vAyk * kai nITTal pArththi   14

2599   pArththu Or edhiridhA * nenjchE! * paDu thuyaram
      pErththu Odhap * pIDu azhivAm pEchchu illai ** - Arththu Odham
      tham mEni thAL thaDavath * thAm kiDandhu * thammuDaiya
      semmEnik * kaN vaLarvAr sIr   15

2600   sIrAl piRandhu * siRappAl vaLarAdhu *
      pEr vAman AgAkkAl * pErALA! ** - mArbu Arap
      pulgi nI uNDu umizhndha * bUmi nIr ERpu aridhE? *
      sollu nI yAm aRiyach sUzhndhu   16

2601   sUzhndhu aDiyAr vENDinakkAl * thOnRAdhu viTTAlum *
      vAzhndhiDuvar pinnum tham vAy thiRavAr ** - sUzhndhu engkum
      vAL varaigaL pOl arakkan * van thalaigaL thAm iDiya *
      thAL varai * vil EndhinAr thAm   17

2602   thAmbAl AppuNDAlum * aththazhumbu thAn iLaga *
      pAmbAl AppuNDu pADu uRRAlum ** - sOmbAdhu ip
      pal uruvai ellAm * paDarviththa viththA! * un
      thol uruvai * yAr aRivAr? sollu   18

2603   sollil kuRai illai * sUdhu aRiyA nenjchamE! *
      elli pagal ennAdhu * eppOdhum ** - thollaik kaN
      mAth thAnaikku ellAm * Or aivaraiyE mARu Aga *
      kAththAnaik * kANDum nI kAN   19

2604   kANap pugil aRivu * kaik koNDa nannenjcham *
      nANappaDum anRE? nAm pEsil ** - mANi
      uruvAgik koNDu * ulagam nIr ERRa sIrAn *
      thiru Agam thINDiRRuch senRu   20

2605   senRu angku vennaragil * sErAmal kAppadhaRku *
      inRu ingku en nenjchAl * iDukkuNDa ** - anRu angkup
      pAr uruvum pAr vaLaiththa nIr uruvum * kaN pudhaiya *
      kAr uruvan * thAn nimirththa kAl   21

2606   kAlE podhath thirindhu * kaththuvarAm innAL[130] *
          mAlAr kuDi pugundhAr en manaththE ** - mElAl
          tharukkum iDam pATTinoDum * valvinaiyAr thAm * vIR
          Rirukkum iDam * kANAdhu iLaiththu   22

2607   iLaippAy iLaiyAppAy * nenjchamE! sonnEn *
          iLaikka naman thamargaL * paRRi - iLaippu eydha **
          nAy thandhu mOdhAmal * nalguvAn nalkAppAn *
          thAy thandhai * evvuyirkkum thAn   23

2608   thAnE thanith thOnRal * than aLappu onRu illAdhAn *
          thAnE piRargaTkum * thaRROnRal ** - thAnE
          iLaikkil pAr kIzh mElAm * mINDu[131] amaippAn AnAl *
          aLakkiRpAr * pArin mEl Ar?   24

2609   ArAnum * AdhAnum seyya * agal iDaththai
          ArAyndhu * adhu thiruththal AvadhE? ** - sIr Ar
          manaththalai * vanthunbaththai mARRinEn * vAnOr
          inath thalaivan * kaNNanAl yAn   25

2610   yAnum en nenjchum * isaindhu ozhindhOm * valvinaiyaik
          kAnum malaiyum * pugak kaDivAn ** - thAn Or
          iruL anna mAmEni * em iRaiyAr thandha *
          aruL ennum thaNDAl * aDiththu   26

2611   aDiyAl * paDi kaDandha muththO? * adhu anREl
          muDiyAl * visumbu aLandha muththO? ** - neDiyAy!
          seRi kazhalgaL[132] thAL nimirththuch senRu * ulagam ellAm *
          aRigilamAl nI aLandha anRu   27

2612   anRE nam kaN kANum * AzhiyAn kAr uruvam *
          inRE nAm * kANAdhu iruppadhuvum ** - enREnum
          kaTkaNNAl * kANAdha avvuruvai * nenjchennum
          uTkaNNEl * kANum uNarndhu   28

2613   uNara oruvarkku * eLiyanE? sevvE *
          iNarum thuzhAy alangkal endhai ** - uNarath
          thanakku eLiyar evvaLavar * avvaLavan AnAl *
          enakku eLiyan emperumAn ingku   29

---

[130] ina nAL
[131] INDu
[132] kazhalkoL

2614   ingku illai * paNDu pOl vIRRu iruththal * ennuDaiya
sengkaNmAl sIrkkum * siRidhu uLLam ** - angkE
maDi aDakki niRpadhanil * valvinaiyAr thAm * mINDu[133]
aDi eDuppadhu anRO azhagu?   30

2615   azhagum aRivOmAy * valvinaiyaith[134] thIrppAn *
nizhalum * aDi thARum AnOm ** - suzhalak
kuDangkaL * thalai mIdhu eDuththuk koNDu ADi * anRu ath
thaDangkaDalai * mEyAr thamakku   31

2616   thamakku aDimai vENDuvAr * thAmOdharanAr
thamakku * aDimai sey enRAl * seyyAdhu ** - emakku enRu[135]
thAm seyyum thIvinaikkE * thAzhvuRuvar nenjchinAr *
yAn seyvadhu ivviDaththu ingku yAdhu?   32

2617   yAdhAnum onRu aRiyil * than ugakkil en kolO? *
yAdhAnum nErndhu aNugAvARu thAn? ** - yAdhAnum
thERumA seyyA * asurargaLai * nEmiyAl
pARu pARu AkkinAn pAl   33

2618   pAl Azhi * nI kiDakkum paNbai * yAm kETTEyum *
kAl Azhum nenjchu azhiyum * kaN suzhalum ** - nIlAzhich
sOdhiyAy! AdhiyAy! * tholvinai empAl kaDiyum *
nIdhiyAy! niRsArndhu ninRu   34

2619   ninRum irundhum * kiDandhum thirithandhum *
onRumO ARRAn * en nenjchu agalAn ** - anRu angkai
vanpuDaiyAl pon peyarOn * vAy thagarththu mArvu iDandhAn *
anbu uDaiyan anRE avan?   35

2620   avanAm ivanAm uvanAm * maRRu umbar
avanAm * avan enRu irAdhE ** - avanAm
avanE enath theLindhu * kaNNanukkE thIrndhAl *
avanE * evanElumAm   36

2621   Am ARu aRivu uDaiyAr Avadhu * aridhu anRE? *
nAmE adhu uDaiyOm * nannenjchE! ** - pUmEy
madhukaramE * thaNthuzhAy mAlArai * vAzhththAm
adhu karamE * anbAl amai   37

---

[133] INDu

[134] valvinaiyum

[135] enRum

2622 amaikkum pozhudhu uNDE? * ArAyil nenjchE! *
imaikkum pozhudhum * iDaichchi - kumaith thiRangkaL **
EsiyE Ayinum * InthuzhAy mAyanaiyE *
pEsiyE pOkkAy pizhai   38

2623 pizhaikka muyanROmO? * nenjchamE! pEsAy *
thazhaikkum thuzhAy * mArvan thannai ** - azhaiththu orukAl
pOy upakAram * poliyak koLLAdhu * avan pugazhE
vAy upakAram koNDa vAyppu   39

2624 vAyppO idhu oppa * maRRu illai vA nenjchE! *
pOyp pOoy * vennaragil pUviyEl ** - thIp pAla
pEyth thAy * uyir kalAyp pAl uNDu * avaL uyirai
mAyththAnai * vAzhththE vali   40

2625 valiyam ena ninaindhu * vandhu edhirndha mallar *
valiya muDi iDiya vAngki ** - valiya nin
pon Azhik kaiyAl * puDaiththiDudhi kILAdhE *
pal nALum niRkum ippAr   41

2626 pAr uNDAn pAr umizhndhAn * pAr iDanthAn pAr aLandhAn *
pAr iDam mun paDaiththAn * enbarAl ** - pAr iDam
AvAnum thAn AnAl * Ar iDamE? * maRRu oruvarkku
AvAn * pugAvAl avai   42

2627 avayam ena ninaindhu * vandha surar pAlE *
navaiyai * naLirvippAn thannai ** - kavai il
manaththu uyara vaiththu irundhu * vAzhththAdhArkku uNDO? *
manath thuyarai * mAykkum vagai   43

2628 vagai sErndha nal nenjchum * nA uDaiya vAyum *
miga vAyndhu * vIzhA enilum ** - miga Ayndhu
mAlaith thAm * vAzhththAdhu iruppar idhu anRE? *
mElaith thAm seyyum vinai   44

2629 vinaiyAr thara muyalum * vemmaiyai anjchi *
thinaiyAm siRidhu aLavum * sella - ninaiyAdhu **
vAsagaththAl EththinEn * vAnOr thozhudhu iRainjchum *
nAyagaththAn pon aDikkaL nAn   45

2630 nAn kURum kURRu Avadhu * iththanaiyE * nAL nALum
thEngku Odha nIr uruvan * sengkaN mAl ** - nIngkAdha
mA kadhi Am vennaragil * sErAmal kAppadhaRku *
nI kadhiyA * nenjchE! ninai   46

2631 ninaiththu iRainjchi mAniDavar * onRu irappar enRE *
ninaiththiDavum vENDA nI nErE ** - ninaiththu iRainjcha
evvaLavar * evviDaththOr mAlE! * adhu thAnum
evvaLavum uNDO? emakku   47

2632 emakku yAm viNNATTukku * uchchamadhAm vITTai *
amaiththu irundhOm * aqdhanRE yAmARu? ** - amaippolindha
men thOLi kAraNamA * vengkOTTu ERu EzhuDanE *
konRAnaiyE * manaththuk koNDu   48

2633 koNDal thAn mAl varai thAn * mA kaDal thAn kUr iruL thAn *
vaNDu aRAp pUvai thAn * maRRuth thAn ** - kaNDa nAL
kAr uruvam kAN thORum * nenjchu ODum * kaNNanAr
pEr uru enRu emmaip pirindhu   49

2634 pirindhu onRu nOkkAdhu * thammuDaiya pinnE *
thirindhu uzhalum * sindhanaiyAr thammai ** - purindhu orukAl
AvA! ena irangkAr * andhO! validhE kol? *
mA vAy piLandhAr manam   50

2635 manam ALum Or aivar * vankuRumbar thammai *
sina mALviththu * Or iDaththhE sErththu ** - puna mEya
thaNthuzhAyAn aDiyaith * thAn kANum aqdhu anRE *
vaNthuzhAm sIrArkku * mANbu   51

2636 mAN pAviththu annAnRu[136] * maN irandhAn * mAyavaL nanjchu
UN pAviththu uNDAnadhu * Or uruvam ** - kANbAn nang
kaN avA * maRRu onRu kAN uRA * sIr paravAdhu
uNNa vAy * thAn uRumO onRu?   52

2637 onRu uNDu sengkaN mAl! yAn uraippadhu * un aDiyArkku
en seyvan enRE * iruththi nI ** - nin pugazhil
vaigum * tham sinthaiyilum maRRu inidhO? * nI avarkku
vaikuntham enRu aruLum vAn   53

2638 vAnO? maRi kaDalO? * mArudhamO? thIyagamO? *
kAnO? orungkiRRum kaNDilam Al ** - An InRa
kanRu uyarath thAm eRindhu kAy udhirththAr * thAL paNindhOm *
vanthuyarai * yAvA! marungku   54

---

¹³⁶ anjnjAnRu

2639   marungku Odham mOdhum * maNi nAgaNaiyAr *
marungkE * vara ariyarElum ** - orungkE
emakku avaraik kANalAm * eppOdhum uLLAl *
manak kavalai thIrppAr varavu   55

2640   varavu ARu onRu illaiyAl * vAzhvu inidhAl * ellE!
oru ARu * oruvan pugA ARu ** - uru mARum
Ayavar thAm sEyavar thAm * anRu ulagam thAyavar thAm *
mAyavar thAm kATTum vazhi   56

2641   vazhith thangku valvinaiyai * mARRAnO? nenjchE! *
thazhlik koNDu * pOr avuNan thannai ** - suzhiththu engkum
thAzhvu iDangkaL paRRip * pulAl veLLam thAn ugaLa *
vAzhvu aDangka * mArvu iDandha mAl?   57

2642   mAlE! paDich sOdhi mARREl * ini unadhu
pAlE pOl sIril * pazhuththozhindhEn ** - mElAl
piRappu inmai peRRu * aDik kIzhk kuRREval anRu *
maRappu inmai * yAn vENDum mADu   58

2643   mADE * varap peRuvarAm enRE * valvinaiyAr
kADAnum AdhAnum * kaik koLLAr ** - UDE pOyp
pEr Odham sindhu * thiraik kaNvaLarum * pErALan
pEr Odhach * sindhikkap pErndhu   59

2644   pErndhu onRu nOkkAdhu * pin niRpAy nillAppAy *
InthuzhAy mAyanaiyE * en nenjchE! ** - pErndhu engkum
thollai mA vennaragil * sErAmal kAppadhaRku *
illai kAN maRROr iRai   60

2645   iRai muRaiyAn sEvaDi mEl * maN aLandha annAL *
maRai muRaiyAl * vAnADar kUDi ** - muRai muRaiyin
thAdhu ilagu * pUth theLiththAl ovvAdhE? * thAzh visumbin
mIdhu ilagith * thAn kiDakkum mIn   61

2646   mIn ennum kambil[137] * veRi ennum veLLi vEy *
vAn ennum * kEDu ilA vAn kuDaikku ** - thAn Or
maNik kAmbu pOl * nimirndhu maN aLandhAn * nangkaL
piNikkAm * peru marundhu pin   62

---

[137] kambin

2647 pin thurakkum kARRu izhandha[138] * sURkoNDal pErndhum pOy *
van thiraik kaN * vandhu aNaintha vAymaiththE ** - anRu
thiruch cheyya nEmiyAn * thI arakki mUkkum *
paruch cheviyum * Irndha paran   63

2648 paranAm avan Adhal * pAvippar Agil *
uranAl oru mUnRu pOdhum ** - maram Ezhu anRu
eydhAnaip * puLLin vAy kINDAnaiyE * amarar
kai thAn * thozhAvE kalandhu?   64

2649 kalandhu naliyum * kaDunthuyarai nenjchE! *
malangka aDiththu * maDippAn ** - vilangkal pOl
thol mAlaik kEsavanai * nAraNanai mAdhavanai *
sol mAlai * eppozhudhum sUTTu   65

2650 sUTTAya nEmiyAn * thol arakkan innuyirai *
mATTE thuyar izhaiththa * mAyavanai ** - ITTa
veRi koNDa * thaNthuzhAy vEdhiyanai * nenjchE!
aRi kaNDAy * sonnEn adhu   66

2651 adhuvO nanRu enRu * angku amar ulagO vENDil *
adhuvO[139] poruL illai anRE ** - adhu ozhindhu
maN inRu ALvEn enilum * kUDum maDa nenjchE! *
kaNNan thAL vAzhththhuvadhE kal   67

2652 kallum kanai kaDalum * vaikuntha vAnADum *
pullenRu ozhindhana kol? * E pAvam! ** - vella
neDiyAn niRam kariyAn * uL pugundhu nIngkAn *
aDiyEnadhu * uLLaththu agam   68

2653 agam sivandha kaNNinarAy * valvinaiyar AvAr *
mugam sidhaivarAm anRE * mukki ** - migum thirumAl
sIrk kaDalai uL podhindha * sindhanaiyEn thannai *
Arkku aDalAm * sevvE aDarththu?   69

2654 aDar pon muDiyAnai * Ayiram pErAnai *
suDar koL * suDar AzhiyAnai ** - iDar kaDiyum
mAthA pithuvAga * vaiththEn enadhu uLLE *
yAdhu Agil * yAdhE ini?   70

_____

[138] kARRizhindha
[139] adhuvOr

2655 ini ninRu nin perumai * yAn uraippadhu ennE? *
thani ninRa * sArvu ilA mUrththi! ** - pani nIr
agaththu ulavu * senjchaDaiyAn AgaththAn * nAnku
mugaththAn * nin undhi mudhal   71

2656 mudhalAm thiru uruvam * mUnRu enbar * onRE
mudhal Agum * mUnRukkum enbar - mudhalvA! **
nigar ilagu kAr uruvA! * nin agaththadhu anRE? *
pugar ilagu thAmaraiyin pU   72

2657 pUvaiyum kAyAvum * nIlamum pUkkinRa *
kAvi malar enRum * kAN thORum ** - pAviyEn
mellAvi * mey migavE pUrikkum * avvavai
ellAm * pirAn uruvE enRu   73

2658 enRum oru nAL * ozhiyAmai yAn irandhAl *
onRum irangkAr uruk kATTAr ** - kunRu
kuDai Aga * A kAththa kOvalanAr * nenjchE!
puDai thAn * peridhE puvi   74

2659 puviyum iru visumbum * nin agaththa * nI en
seviyin vazhi pugundhu * en uLLAy ** - avivu inRi
yAn periyan nI periyai * enbadhanai yAr aRivAr? *
Un parugu nEmiyAy! uLLu   75

2660 uLLilum uLLam thaDikkum * vinaip paDalam *
viLLa vizhiththu unnai * mey uRRAl ** - uLLa
ulagu aLavum * yAnum uLan Avan en kolO? *
ulagu aLandha mUrththi! urai   76

2661 uraikkil Or suRRaththAr * uRRAr enRu ArE? *
iraikkum kaDal kiDandha endhAy! ** - uraippu ellAm
nin anRi * maRRu ilEn kaNDAy! * enadhu uyirkku * Or
sol nanRi Agum thuNai   77

2662 thuNai nAL perum kiLaiyum * thol kulamum * suRRath
thiNai nALum * inbu uDaiththAm Elum * - kaNai nANil
OvAth thozhil sArngkan * thol sIrai nal nenjchE! *
OvAdha UN Aga uN   78

2663 uLnATTuth thEsu anRE! * Uzh vinaiyai anjchumE? *
viNNATTai * onRu Aga mechchumE? ** - maNNATTil
Ar Agi * evvizhivu iRRu AnAlum * Azhi angkaip
pEr AyaRku * AL Am piRappu   79

2664   piRappu iRappu mUppup * piNi thuRandhu * pinnum
        iRakkavum * inbu uDaiththAm Elum ** - maRappu ellAm
        EdhamE * enRu allAl eNNuvanE? * maN aLandhAn
        pAdhamE * EththAp pagal   80

2665   pagal irA enbadhuvum * pAviyAdhu * emmai
        igal seydhu * irupozhudhum ALvar ** - thagavAth
        thozhumbar ivar sIrkkum * thuNai ilar enRu OrAr *
        sezhum paravai mEyAr * therindhu   81

2666   therindha uNarvu onRu inmaiyAl * thIvinaiyEn * vALA
        irundhu ozhindhEn * kIzh nALgaL ellAm ** - karandha uruvin
        ammAnai * annAnRu pin thoDarndha * Azhi angkai
        ammAnai * EththAdhu ayarththu   82

2667   ayarppAy ayarAppAy * nenjchamE! sonnEn *
        uyap pOm neRi * idhuvE kaNDAy ** - seyaRpAla
        vallavE seykiRudhi * nenjchamE! anjchinEn *
        mallar nAL vavvinanai * vAzhththu   83

2668   vAzhththi avan aDiyaip * pUp punaindhu * nin thalaiyaith
        thAzhththu iru kai kUppu enRAl * kUppAdha - pAzhththa vidhi! **
        engku uRRAy enRu avanai * EththAdhu en nenjchamE! *
        thangkaththAn AmElum * thangku   84

2669   thangkA muyaRRiyavAyth * thAzh visumbin mIdhu pAyndhu *
        engkE pukku * eththavam seydhiTTana kol? ** - pongku Odhath
        thaN ampAl vElai vAyk * kaN vaLarum * ennuDaiya
        kaNNan pAl * nalniRam koL kAr   85

2670   ** kAr kalandha mEniyAn * kai kalandha AzhiyAn *
        pAr kalandha valvayiRRAn * pAmbaNaiyAn ** - sIr kalandha
        sol ninaindhu pOkkArEl * sUzh vinaiyin Azhthuyarai *
        en ninaindhu pOkkuvar * ippOdhu?   86

2671   ** ippOdhum innum * inich chiRidhu ninRAlum *
        eppOdhum IdhE sol * en nenjchE! ** - eppOdhum
        kai kazhalA nEmiyAn * nam mEl vinai kaDivAn *
        moy kazhalE Eththa muyal   87

aDivaravu: muyaRRi pugazhvOm ivaiyanRE ennin,
peRRathAy neRikATTi yAmE arugum,
numakkaDi irunAl nAzhAl nIyanRE.
nIyan vazhakkoDu sAyAl pArththOr,
sIrAl sUzhndhaDi thAmbAl sollil,
kANappugil senRangku kAlE iLaippAy.
iLai thAnthOnRal ArAnum yAnum,
aDiyAl anRE uNara ingkillai,
azhagu thamakkaDi yAdhAn pAlAzhi.
pAlAzhi ninRu avanAm AmARu,
amaikkum pizhaikka vAyppO valiyam,
pAruNDAn avayam vagaisEr vinaiyAr.
vinai nAnkURum ninaiththiRai emakkiyAm,
koNDal pirindhonRu manamALu mANpAvi,
onRuNDu vAnO marungkO varavARu.
varavu vazhiththhangku mAlE mADE,
pErndhonRu iRaimuRai mIn pinthurakkum,
paranAm kalandhu sUTTAya adhuvO.
adhuvO kallum aganjchivandhu aDarpon,
inininRu mudhalAm pUvai enRumoru,
puviyum uLLilum uraikkilOr thuNainAL.
thuNai uNNATTu piRappiRappu pagalirA,
therindhuNar ayarppAy vAzhththiyavan thangkA,
kArkalandha ippOdhuminnum muyaRRi.

dhasaka aDivaravu: muyaRRi nAzh senRu azhagu valiyam manamALum
iRaimuRaiyAn ini pagal orupEr

nammAzhvAr thiruvaDigaLE sharaNam

Thirumangai Azhvar

Avataram	
Month	Karaththigai
Star	Kruththika
Place	Thirukkuraiyalur
Amsam	Sarngam
Name	Neelan, Kaliyan
Divya Prabandham	
Periya Thirumozhi	
Thirukkurunthandakam	
Thirunedunthandakam	
Thiruvezhukutrirukkai	
Siriya Thirumadal	
Periya Thirumadal	

thirumangkaiyAzhvAr aruLich cheydha
thiruvezhukURRirukkai

---

thaniyankaL

emperumAnAr aruLich cheydhadhu

vAzhi parakAlan * vAzhi kalikanRi *
vAzhi kuRaiyalUr vAzh vEndhan * - vAzhiyarO
mAyOnai vAL valiyAl * mandhirangkoL mangkaiyar kOn *
thUyOn suDar mAna vEl

[140]sIrAr thiruvezhukURRirukkai ennum * senthamizhAl *
ArAvamudhan kuDandhaip pirAn than aDiyiNaik kIzh *
ErAr maRaip poruL ellAm eDuththu ivvulagu uyyavE *
sOrAmal sonna aruLmAri pAdham thuNai namakkE

---

thirumangkaiyAzhvAr aruLich seydha
thiruvezhukURRirukkai
(AsiriyappA)

2672   ** oru pEr undhi iru malarth thavisil *
oru muRai ayanai InRanai * oru muRai
iru suDar mIdhinil iyangkA * mummadhiL
ilangkai iru kAl vaLaiya * oru silai
onRiya IreyiRRu azhal vAy vALiyin
aTTanai * mUvaDi nAnilam vENDi *
muppuri nUloDu mAn uri ilangku
mArvinin * iru piRappu oru mAN Agi *
oru muRai IraDi mUvulagu aLandhanai *
nAl thisai naDungka anjchiRaip paRavai
ERi * nAl vAy mummadhaththu iru sevi
oru thani vEzhaththu arandhaiyai * oru nAL
iru nIr maDuvuL thIrththanai * muththI
nAnmaRai aivagai vELvi * aRu thozhil
andhaNar vaNangkum thanmaiyai * aimpulan
agaththhinuL seRuththu * nAnku uDan aDakki
mukkuNaththhu iraNDu avai agaRRi * onRinil
onRi ninRu * Angku iru piRappu aRuppOr
aRiyum thanmaiyai * mukkaN nAl thOL

---

aivAy aravODu * ARu podhi saDaiyOn
aRivu arum thanmaip perumaiyuL ninRanai *
Ezh ulagu eyiRRinil koNDanai * kURiya
aRu suvaip payanum Ayinai * suDar viDum
aimpaDai angkaiyuL amarndhanai * sundhara
nAl thOL munnIr vaNNa! * nin IraDi
onRiya manaththAl * oru madhi mugaththu
mangkaiyar iruvarum malarana[141] * angkaiyin
muppozhudhum varuDa aRi thuyil amarndhanai *
neRi muRai nAl vagai varuNamum Ayinai *
mE thagum aimperum pUdhamum nIyE *
aRupadham muralum kUndhal kAraNam *
Ezh viDai aDangkach seRRanai * aRu vagaich
samayamum aRivu aru nilaiyinai * aimpAl
Odhiyai Agaththu iruththinai * aRam mudhal
nAnku avaiyAy mUrththi mUnRAy *
iru vagaip payanAy onRAy virindhu
ninRanai * kunRA madhu malarch sOlai
vaNkoDip paDappai * varu punal ponni
mA maNi alaikkum * sennel oNkazhanith
thigazh vanam uDuththa * kaRpOr purisaik[142]
kanaga mALigai * nimir koDi visumbil
iLampiRai thuvakkum * ** selvam malgu then
thirukkuDandhai * andhaNar mandhira mozhiyuDan
vaNangka * ADaravu amaLiyil aRi thuyil
amarndha parama! * nin aDiyiNai paNivan
varum iDar agala mARRO vinaiyE

[143]iDangkoNDa nenjchaththu iNangkik kiDappana * enRum ponnith
thaDangkoNDa thAmarai sUzhum malarndha thaN pUngkuDandhai *
viDangkoNDa veNpal karundhuththi sengkaN thazhal umizh vAy *
paDangkoNDa pAmbaNaip paLLi koNDAn thirup pAdhangkaLE

aDivaravu: orupEr kArAr

thirumangkaiyAzhvAr thiruvaDigaLE sharaNam

---

[141] malarena
[142] puri sey
[143] ippATTu kambanATTAzhvAr seydhadhu enbar

thirumangkaiyAzhvAr aruLich cheydha
siRiya thirumaDal

---

thaniyan
piLLai thirunaRaiyUr araiyar aruLich cheydhadhu
(nErisai veNpA)

muLLich sezhumalarO[144] thArAn muLai madhiyam *
koLLikku en uLLam kodhiyAmE * - vaLLal
thiruvALan sIrkkaliyan kArk kaliyai veTTi *
maru vALan thandhAn maDal

---

thirumangkaiyAzhvAr aruLich cheydha
siRiya thirumaDal
(kali veNpA)

2673 ** kAr Ar varaik kongkai kaN Ar kaDal uDukkai *	
sIr Ar suDar chuTTi sengkaluzhip pEr ARRu *	1
pEr Ara mArbin peru mA mazhaik kUndhal *	
nIr Ara vEli nila mangkai ennum * ip	2
pArOr solap paTTa mUnRu anRE * - ammUnRum	
ArAyil thAnE aRam poruL inbam enRu *	3
Ar Ar ivaRRin iDai adhanai eydhuvAr *	
sIr Ar iru kalaiyum eydhuvar * - sikkena maRRu	4
arAnum uNDu enbAr enbadhu thAn adhuvum *	
orAmai anRE? ulagaththAr sollum sol *	5
orAmai Am ARu adhu uraikkEn kEL AmE[145] *	
kAr Ar puravi Ezh pUNDa thani Azhi *	6
thEr Ar niRai kadhirOn maNDalaththaik kINDu pukku *	
arA amudham angku eydhi * - adhil ninRum	7
vArAdhozhivadhu onRu uNDE? * adhu niRka	
Er Ar muyal viTTuk kAkkaip pin pOvadhE? *	8
Er Ar iLa mulaiyIr en thanakku uRRadhu thAn *	
kAr Ar kuzhal eDuththuk kaTTi * - kadhir mulaiyai	9
vAr Ara vIkki maNi mEgalai thiruththi *	
Ar Ar ayil vERkaN anjchanaththin nIRu aNindhu *	10
sIr Ar sezhum pandhu koNDu aDiyA ninREn nAn *	
nIr Ar kamalam pOl sengkaN mAl enRa oruvan *	11
pArOrgaL ellAm magizhap paRai kaRangka *	

---

[144] malarOr/malarOn
[145] AmO

sIr Ar kuDam iraNDu Endhi * - sezhuntheruvE   12
Ar Ar enach solli ADum adhu kaNDu *
Er Ar iLa mulaiyAr ennaiyarum[146] ellArum *   13
vArAyO enRArkkuch senREn en valvinaiyAl *
kAr Ar maNi niRamum kai vaLaiyum kANEn nAn *   14
ArAnum solliRRum koLLEn * - aRivu azhindhu
thIrA uDamboDu pEdhu uRuvEn kaNDu irangki *   15
Er Ar kiLik kiLavi em anai thAn vandhu ennai *
sIr Ar sezhum puzhudhik kAppu iTTu * - sengkuRinjchith   16
thAr Ar naRu mAlai sAththaRku * thAn pinnum
nErAdhana onRu nErndhAL * - adhanAlum   17
thIrAdhu en sindhai nOy thIrAdhu en pEdhuRavu *
vArAdhu mAmai adhu kaNDu maRRu AngkE *   18
ArAnum mUdhu aRiyum ammanaimAr solluvAr *
pArOr solappaDum kaTTuppaDuththir El *   19
ArAnum meyppaDuvan enRAr * - adhu kETTuk
kAr Ar kuzhaR koNDaik kaTTuvichchi kaTTERi *   20
sIr Ar suLagil sila nel piDiththu eRiyA *
vErA vidhir vidhirA mey silirAk kai mOvA *   21
pEr Ayiram uDaiyAn enRAL * - pErththEyum
kAr Ar thirumEni kATTinAL * kai adhuvum   22
sIr Ar valampuriyE enRAL * - thiruththuzhAyth
thAr Ar naRumAlai kaTTuraiththAL kaTTuraiyA *   23
nIr Edhum anjchEnmin num magaLai nOy seydhAn *
ArAnum allan aRindhEn avanai nAn *   24
kUr Ar vERkaNNIr! umakku aRiyak kURugEnO? *   25
ArAl ivvaiyam aDi aLappuNDadhu thAn? *
ArAl ilangkai poDi poDiyA vIzhndhadhu? * - maRRu   26
ArAlE kanmAri kAththadhu thAn? * - Azhi nIr
ArAl kaDainthiDappaTTadhu? * - avan kANmin
Ur Anirai mEyththu ulagu ellAm uNDu umizhndhum *   27
ArAdha thanmaiyanAy Angku oru nAL AyppADi *
sIr Ar kalai algul sIr aDich senthuvar vAy *   28
vAr Ar vana mulaiyAl maththu Arap paRRik koNDu *
Er Ar iDai nOva eththanaiyOr pOdhumAy *   29
sIr Ar thayir kaDaindhu veNNai thiraNDa adhanai *
vEr Ar nudhal maDavAL vERu Or kalaththu iTTu *   30
nAr Ar uRi ERRi nanku amaiya vaiththu adhanai *
pOr Ar vERkaN maDavAL pOndhanaiyum poy uRakkam *   31
OrAdhavan pOl uRangki aRivu uRRu *
thAr Ar thaDanthOLgaL uLLaLavum kai nITTi *   32
ArAdha veNNey vizhungki * - arugu irundha

---
[146] annaiyarum

mOr Ar kuDam uruTTi mun kiDandha thAnaththE *   33
OrAdhavan pOl kiDandhAnaik kaNDu avaLum *

vArAth thAn vaiththadhu kANAL * - vayiRu aDiththu ingku 34
Ar Ar pugudhuvAr? aiyar ivar allAl *

nIrAm idhu seydhIr enRu Or neDungkayiRRAl * 35
UrArgaL ellArum kANa uralODE *

thIrA veguLiyaLAych sikkena Arththu aDippa * 36
ArA vayiRRinODu ARRAdhAn * - anRiyum

nIr Ar neDungkayaththai senRu alaikka ninRu urappi * 37
or Ayiram paNa vengkO iyal nAgaththai *

vArAy enakku enRu maRRadhan maththagaththu * 38
sIr Ar thiruvaDiyAl pAyndhAn * - than sIthaikku

nEr Avan enRu Or nisAsari thAn vandhALai * 39
kUr Arndha vALAl koDi mUkkum kAdhu iraNDum *

IrA viDuththu avaTku mUththOnai * - vennaragam 40
sErA vagaiyE silai kuniththAn * senthuvar vAy

vAr Ar vana mulaiyAL vaidhEvi kAraNamA * 41
er Ar thaDanthOL irAvaNanai * - Ir aindhu

sIr Ar siram aRuththuch seRRu ugandha sengkaN mAl * 42
pOr Ar neDu vElOn pon peyarOn Agaththai *

kUr Arndha vaL ugirAl kINDu * - kuDal mAlai 43
sIr Ar thiru mArbin mEl kaTTi * sengkurudhi

sOrAk kiDandhAnaik kungkumath thOL koTTi * 44
ArA ezhundhAn ari uruvAy * - anRiyum

pEr vAman Agiya[147] kAlaththu * mUvaDi maN 45
thArAy enakku enRu vENDich salathththinAl *

nIr ERRu ulagu ellAm ninRu aLandhAn mAvaliyai * 46
ArAdha pOril asurargaLum thAnumAy *

kAr Ar varai naTTu nAgam kayiRAga *   47
pErAmal thAngkik kaDaindhAn * - thiruththuzhAy

thAr Arndha mArvan thaDa mAl varai pOlum * 48
pOr Anai poygai vAy kOTpaTTu ninRu alaRi *

nIr Ar malark kamalam koNDu Or neDungkaiyAl * 49
nArAyaNA! O! maNivaNNA! nAgaNaiyAy! *

vArAy en Ar iDarai nIkkAy * - ena veguNDu 50
thIrAdha sIRRaththAl senRu iraNDu kURu Aga *

IrA adhanai iDar kaDindhAn emperumAn * 51
pEr Ayiram uDaiyAn pEyp peNDIr! num magaLai *

thIrA nOy seydhAn ena uraiththAL * - sikkena[148] maRRu 52
ArAnum allAmai kETTu engkaL ammanaiyum *

pOr Ar vERkaNNIr! avan Agil pUnthuzhAy 53

---

[147] vAmanan Agiya/vAmanan Aya
[148] sikkana

thArAdhu ozhiyumE? than aDichchi allaLE? * - maRRu

ArAnum allanE enRu ozhindhAL * - nAn avanaik   54

kAr Ar thirumEni kaNDadhuvE kAraNamA *

pErAp pidhaRRAth thiritharuvan * - pinnaiyum   55

IrAp pugudhalum ivvuDalaith thaN vADai *

sOrA maRukkum vagai aRiyEn * - sUzh kuzhalAr   56

ArAnum Esuvar ennumadhan pazhiyai *

vArAmal kAppadhaRku vALA irundhu ozhindhEn *   57

vArAy maDa nenjchE! vandhu * - maNi vaNNan

sIr Ar thiruth thuzhAy mAlai namakku aruLi *   58

thArAn tharum enRu[149] iraNDaththil onRadhanai *

ArAnum onnAdhAr kELAmE sonnakkAl *   59

ArAyumElum paNi kETTu adhanRu enilum *

pOrAdhu ozhiyAdhE pOndhiDu nI enRERku *   60

kAr Ar kaDal vaNNan pin pOna nenjchamum *

vArAdhE ennai maRandhadhu thAn * - valvinaiyEn   61

UrAr ugappadhE AyinEn * - maRRu enakku ingku

ArAyvAr illai azhal vAy mezhugu pOl *   62

nIrAy urugum en Avi * - neDungkaNgaL

UrAr uRangkilum thAn uRangkA * - uththaman than   63

pEr AyinavE pidhaRRuvan * - pinnaiyum

kAr Ar kaDal pOlum kAmaththar AyinAr *   64

ArE pollAmai aRivAr? * adhu niRka

ArAnum AdhAnum allAL avaL kANIr *   65

vAr Ar vana mulai vAsavadhaththai enRu *

ArAnum sollappaDuvAL * - avaLum than   66

pEr Ayam ellAm ozhiyap peruntheruvE *

thAr Ar thaDanthOL thaLaik kAlan pin pOnAL *   67

UrAr igazhndhiDappaTTALE? * - maRRu enakku ingku

ArAnum kaRpippAr nAyagarE? * - nAn avanaik   68

kAr Ar thirumEni kANum aLavum pOy *

** sIr Ar thiruvEngkaDamE thirukkOva   69

lUrE * - mathiTkachchi UragamE pEragamE *

pErA maRudhu iRuththAn veLLaRaiyE veqkAvE *   70

pEr Ali thaNkAl naRaiyUr thiruppuliyUr *

** ArAmam sUzhndha arangkam * - kaNamangkai   71

kAr Ar maNi niRak kaNNanUr viNNagaram *

sIr Ar kaNapuram sERai thiruvazhundhUr *   72

kAr Ar kuDandhai kaDigai kaDal mallai *

Er Ar pozhil sUzh iDavendhai nIrmalai *   73

sIr Arum mAlirunjchOlai thirumOgUr *

pArOr pugazhum vadhari vaDa madhurai *   74

---

[149] enRa

UrAya ellAm ozhiyAmE nAn avanai *
Or Anai kombu osiththu Or Anai kOL viDuththa   75
sIrAnai * - sengkaN neDiyAnaith thEn thuzhAyth
thArAnai * - thAmarai pOl kaNNAnai * eNNarum sIr   76
pEr Ayiramum pidhaRRi * - ** peruntheruvE
UrAr igazhilum UrAdhu ozhiyEn nAn *   77
vAr Ar pUm peNNai maDal¹⁵⁰

¹⁵¹UrAdhu ozhiyEn ulagu aRiya oNNudhalIr! *
sIr Ar mulaith thaDangkaL sEr aLavum * - pAr ellAm
anRu Ongki ninRu aLandhAn ninRa thirunaRaiyUr *
manROngka Urvan maDal

aDivaravu: kArAr manniya

thirumangkaiyAzhvAr thiruvaDigaLE sharaNam

---

¹⁵⁰ yAppilakkaNaththinpaDi siRiya thirumaDal oru pATTu
¹⁵¹ idhu kambar pADiyadhu enbar

thirumangkaiyAzhvAr aruLich cheydha
periya thirumaDal

---

thaniyan
piLLaith thirunaRaiyUr araiyar aruLich cheydhadhu
(nErisai veNpA)

pon ulagil vAnavarum pU magaLum[152] pORRi seyyum *
nannudhalIr! nambi naRaiyUrar * - man ulagil
en nilaimai kaNDum irangkArE Am Agil *
mannu maDal Urvan vandhu

---

thirumangkaiyAzhvAr aruLich cheydha
periya thirumaDal
(kali veNpA)

2674 ** manniya pal poRi sEr Ayira vAy vAL aravin *	
senni maNik kuDumith dheyvach suDar naDuvuL *	1
manniya nAgaththu aNai mEl Or mAmalai pOl *	
minnum maNi magara kuNDalangkaL vil vIsa *	2
thunniya thAragaiyin pEroLi sEr AgAsam *	
ennum vidhhAnaththin kIzhAl * - iru suDarai	3
mannum viLakkAga ERRi * maRi kaDalum	
pannu thiraik kavari vIsa * - nila mangkai	4
thannai muna nAL aLaviTTa thAmarai pOl *	
manniya sEvaDiyai vAn iyangku thAragai mIn *	5
ennum malarp piNaiyal Eyndha * - mazhaik kUndhal	
thennan uyar poruppum dheyva vaDamalaiyum *	6
ennum ivaiyE mulaiyA vaDivu amaindha *	
anna naDaiya aNangkE[153] * - aDi iNaiyaith	7
thannuDaiya angkaigaLAl thAn thaDavath thAn kiDandhu * Or	
unniya yOgaththu uRakkam thalaik koNDa	8
pinnai * than nAbi valayaththup pEr oLi sEr *	
manniya thAmarai mAmalar pUththu * ammalar mEl	9
munnam thisai muganaith thAn paDaikka * maRRavanum	
munnam paDaiththanan nAnmaRaigaL * - ammaRai thAn	10
mannum aRam poruL inbam vIDu enRu ulagil *	
nanneRi mEmpaTTana nAnku anRE * - nAnkinilum	11
pinnaiyadhu pinnaip peyar tharum enbadhu * Or	

---

[152] pUmaganum
[153] aNangkEy

thonneRiyai vENDuvAr vIzh kaniyum Uzh ilaiyum *   12
ennum ivaiyE nugarndhu uDalam thAm varundhi *
thunnum ilaikkurambaith thunjchiyum * - venjchuDarOn   13
mannum azhal nugarndhum vaNthaDaththin uTkiDandhum *
innadhu Or thanmaiyarAy Ingku uDalam viTTu ezhundhu *   14
thonneRikkaN senRAr enappaDum sol allAl *
innadhu Or kAlaththu inaiyAr idhu peRRAr *   15
ennavum kETTu aRivadhu illai * - uLadhu ennil
mannum kaDungkadhirOn maNDalaththin nannaDuvuL *   16
annadhu Or illiyin UDu pOy * - vIDu ennum
thonneRikkaN senRAraich solluminkaL sollAdhE *   17
annadhE pEsum aRivu il siRu manaththu * Angku
annavaraik kaRpippOm yAmE * - adhu niRka   18
munnam nAn sonna aRaththhin vazhi muyanRa *
annavar thAm kaNDIrgaL Ayirak kaN vAnavar kOn *   19
pon nagaram pukku amarar pORRi seppa[154] * - pongku oLi sEr
kol navilum kOL ari mAth thAn sumandha kOlam sEr *   20
manniya singkAsanaththhin mEl * - vAL neDungkaN
kanniyarAl iTTa kavarip podhi avizhndhu * Angku   21
inniLam pUnthenRal iyangka * - marungku irundha
min anaiya nuNmarungkul mel iyalAr veNmuRuval *   22
munnam mugizhththa mugizh nilA vandhu arumba *
annavar tham mAnOkkam uNDu Angku aNi malar sEr *   23
pon iyal kaRpagaththhin kADu uDuththa mADu ellAm *
manniya mandhAram pUththa madhuth thivalai *   24
innisai vaNDu amarum sOlai vAy mAlai sEr *
manniya mA mayil pOl kUndhal * - mazhaith thaDangkaN   25
min iDaiyarODum viLaiyADi vENDiDaththu *
mannum maNith thalaththu mANikka manjchariyin *   26
minnin oLi sEr paLingku viLimbu aDuththa *
mannum pavaLakkAl sempon sey maNDapaththuL *   27
anna naDaiya arambaiyar tham kai vaLarththa *
innisai yAzh[155] pADal kETTu inbuRRu * - iru visumbil   28
mannum mazhai thavazhum vANilA nIL madhi thOy *
minnin oLi sEr visumbu Urum mALigai mEl *   29
mannum maNi viLakkai mATTi * - mazhaik kaNNAr
pannu vichiththiramAp pAppaDuththa paLLi mEl *   30
thunniya sAlEgam sUzh kadhavam thAL thiRappa *
annam uzhakka neRindhu ukka vAL nIlach *   31
chinna naRunthAdhu sUDi * - Or mandhAram
thunnu naRumalarAl thOL koTTi * kaRpagaththhin   32

_____

[154] pORRisaippa
[155] Ayp

mannu malar vAy maNi vaNDu pin thoDara *

inniLam pUnthenRal pugundhu Ingku iLa mulai mEl *   33

nannarum sandhanach sERu uL pularththa * - thAngka arunjchIr

min iDai mEl kai vaiththu irundhu Endhu iLa mulai mEl *   34

pon arumbu Aram pulamba * - agam kuzhaindhu Angku

inna uruvin imaiyAth thaDangkaNNAr *   35

annavar tham mAnOkkam uNDu Angku aNi muRuval *

innamudham mAndhi iruppar * - idhu anRE   36

anna aRaththin payan Avadhu * oN poruLum

anna thiRaththadhE AdhalAl * - kAmaththin   37

mannum vazhi muRaiyE niRRum nAm * mAnOkkin

anna naDaiyAr alar Esa ADavar mEl *   38

mannu maDal UrAr enbadhu Or vAsagamum *

then uRaiyil kETTu aRivadhu uNDu * - adhanai yAm theLiyOm   39

mannum vaDa neRiyE vENDinOm * vENDAdhAr

thennan podhiyil sezhum sandhanak kuzhambin *   40

annadhu Or thanmai aRiyAdhAr * - Ayan vEy

innisai Osaikku irangkAdhAr * mAl viDaiyin   41

mannu maNi pulamba vADAdhAr * - peNNai mEl

pinnum avvanRil pEDai[156] vAych siRu kuralukku *   42

unni uDal urugi naiyAdhAr * - umbar vAyth

thunnu madhi uguththa thU nilA nIL neruppil *   43

tham uDalam vEvath thaLarAdhAr * - kAma vEL

mannum silai vAy malar vALi kOuththu eyya *   44

pon neDu vIdhi pugAdhAr * - tham pUvaNai mEl

chinna malark kuzhalum algulum menmulaiyum *   45

inniLa vADai thaDavath thAm kaN thuyilum *

pon anaiyAr pinnum thiru uRuga * - pOr vEndhan   46

thannuDaiya thAdhai paNiyAl arasu ozhindhu *

pon nagaram pinnE pulamba valam koNDu *   47

mannum vaLa nADu kai viTTu * - mAthirangkaL

min uruvil viN[157] thEr thirindhu veLippaTTu *   48

kal niraindhu[158] thIyndhu kazhai uDaindhu kAl suzhanRu *

pinnum thirai vayiRRup pEyE thirindhu ulavA *   49

konnavilum vengkAnaththhUDu * - koDungkadhirOn

thunnu veyil vaRuththa vemparal mEl panjchaDiyAl *   50

mannan irAman pin vaidhEvi enRu uraikkum *

anna naDaiya aNangku naDandhilaLE? *   51

pinnum karu neDungkaN sevvAyp piNai nOkkin *

min anaiya nuNmarungkul vEgavadhi enRu uraikkum   52

kanni * than innuyirAm kAdhalanaik kANAdhu *

_____

[156] peDai
[157] veN
[158] kanniRaindhu

thannuDaiya mun thOnRal koNDu Egath thAn senRu * Angku   53
annavanai nOkkAdhu azhiththu urappi * - vAL amaruL

kal navil thOL kALaiyaik kaip piDiththu mINDum pOy *   54
pon navilum Agam puNarndhilaLE? * pUnggangkai

munnam punal parakkum nal nADan * min ADum   55
konnavilum nIL vEl gurukkaL kula madhalai *

than nigar onRu illAdha venRith dhananjchayanai *   56
pannAgarAyan maDap pAvai * - pAvai than

manniya nAN achcham maDam enRu ivai agala *   57
thannuDaiya kongkai mugam neriya * - thAn avan than

pon varai[159] Agam thazhIik koNDu pOy * thanadhu   58
nal nagaram pukku nayandhu inidhu vAzhndhadhuvum *

mun uraiyil kETTu aRivadhu illaiyE? * - sUzh kaDaluL   59
pon nagaram seRRa purandharanODu Er okkum *

mannavan vANan avuNarkku vAL vEndhan *   60
thannuDaiya pAvai ulagaththuth than okkum *

kanniyarai illAdha kATchiyAL * - thannuDaiya   61
innuyirth thOzhiyAl emperumAn InthuzhAy *

mannu maNi varaith thOL mAyavan * - pAviyEn   62
ennai idhu viLaiththa IriraNDu mAl varaith thOL *

mannavan than kAdhalanai mAyaththAl koNDu pOy *   63
kanni than pAl vaikka maRRavanODu eththanaiyO *

manniya pEr inbam eydhinAL * - maRRu ivai thAn   64
ennAlE kETTIrE? EzhaigAL! en uraikkEn? *

mannu malai araiyan poRpAvai * - vAL nilA   65
minnu maNi muRuval sevvAy umai ennum *

anna naDaiya aNangku nuDangku iDai sEr *   66
pon uDambu vADap pulan aindhum nondhu agala *

thannuDaiya kUzhaich saDAbAram thAn thariththu * Angku   67
anna arunthavaththin UDu pOy * - AyiranthOL

mannu karathalangkaL maTTiththu * mAthirangkaL   68
minni eri vIsa mEl eDuththa sUzh kazhaRkAl *

pon ulagam Ezhum kaDandhu umbar mEl silumba *   69
mannu kula varaiyum mArudhamum thAragaiyum *

thannin uDanE suzhalach suzhanRu ADum *   70
kol navilum mUvilai vEl kUththan poDiyADi *

annavan than pon agalam senRu Angku aNaindhilaLE? *   71
panni uraikkungkAl bAradhamAm * - pAviyERku

en uRu nOy yAn uraippak kENmin * irumpozhil sUzh   72
mannu maRaiyOr thirunaRaiyUr mAmalai pOl *

pon iyalum mADak kavADam kaDandhu pukku *   73
ennuDaiya kaN kaLippa nOkkinEn * - nOkkudhalum

---

[159] ponnavarai

mannan thiru mArbum vAyum aDi iNaiyum *   74
pannu karathalamum kaNgaLum * - pangkayaththin
pon iyal kADu Or maNi varai mEl pUths thadhu pOl *   75
minni oLi paDaippa vIzh nANum thOL vaLaiyum *
manniya kuNDalamum Aramum nIL muDiyum *   76
thunnu veyil viriththa sULAmaNi imaippa *
mannu maradhagak kunRin marungkE * - Or   77
inniLa vanjchik koDi onRu ninRadhu thAn *
annamAy mAnAy aNimayilAy Angku iDaiyE *   78
minnAy iLavEy iraNDAy iNaich cheppAy *
mun Aya thoNDaiyAyk keNDaik kulam iraNDAy *   79
anna thiru uruvam ninRadhu aRiyAdhE *
ennuDaiya nenjchum aRivum ina vaLaiyum *   80
pon iyalum mEgalaiyum Angku ozhiyap pOndhERku *
mannu maRi kaDalum Arkkum * - madhi uguththa   81
innilAvin kadhirum en thanakkE veydhu Agum *
thannuDaiya thanmai thavirath thAn en kolO? *   82
thennan podhiyil sezhunjchandhin thAdhu aLaindhu *
man ivvulagai manam kaLippa vandhu iyangkum *   83
inniLam pUnthenRalum vIsum eri enakkE *
munniya peNNai mEl muL muLarik kUTTagaththu *   84
pinnum avvanRil pEDai[160] vAych siRu kuralum *
ennuDaiya nenjchukku Or Ir vALAm en seygEn? *   85
kal navil thOL kAman karuppuch silai vaLaiya *
kol navilum pUngkaNaigaL kOththup podha aNaindhu *   86
thannuDaiya thOL kazhiya vAngki * - thamiyEn mEl
ennuDaiya nenjchE ilakku Aga eyginRAn *   87
pin idhanaik kAppIr[161] thAm[162] illaiyE * - pEdhaiyEn
kal navilum kATTagaththu Or vallik kaDi malarin *   88
nal naRu vAsam maRRu ArAnum eydhAmE *
mannum vaRu nilaththu vALA Angku uguththadhu pOl *   89
ennuDaiya peNmaiyum en nalanum en mulaiyum *
mannu malar mangkai maindhan * kaNapuraththup   90
pon malai pOl ninRavan than pon agalam thOyAvEl *
en ivai thAn? vALA enakkE poRai Agi *   91
mun irundhu mUkkinRu mUvAmaik kAppadhu Or *
mannum marundhu aRivIr illaiyE? * - mAl viDaiyin   92
thunnu piDar eruththuth thUkkuNDu * van thoDarAl
kanniyar kaN miLirak kaTTuNDu * mAlai vAyth   93
thannuDaiya nA ozhiyAdhu ADum thani maNiyin *
innisai Osaiyum vandhu en sevi thanakkE *   94

---

[160] peDai
[161] kAppAr
[162] thAn

kol navilum eqkil koDidhAy neDidhu Agum *
en idhanaik kAkkumA? sollIr * - idhu viLaiththa   95
mannan naRunthuzhAy vAzh mArban * - mA madhi kOL
munnam viDuththa mugil vaNNan * kAyAvin   96
sinna naRum pUnthigazh vaNNan * vaNNam pOl
anna kaDalai malai iTTu aNai kaTTi *   97
mannan irAvaNanai mA maNDu venjchamaththu *
pon muDigaL paththum puraLach charam thurandhu *   98
thennulagam ERRuviththa sEvaganai * - Ayirak kaN
mannavan vAnamum vAnavar tham pon ulagum *   99
thannuDaiya thOL valiyAl kaik koNDa dhAnavanai *
pin Or ari uruvam Agi eri vizhiththu *   100
kol navilum venjchamaththuk kollAdhE * - vallALan
mannu maNik kunjchi paRRi vara Irththu *   101
thannuDaiya thAL mEl kiDAththi * - avanuDaiya
pon agalam vaL ugirAl pOzhndhu pugazh paDaiththa *   102
min ilangkum Azhip paDaith thaDak kai vIranai *
mannu ivvagal iDaththai mA mudhu nIr thAn vizhungka *   103
pinnum Or EnamAyp pukku vaLai maruppil[163] *
kol navilum kUr nudhi mEl vaiththu eDuththa kUththanai *   104
mannum vaDa malaiyai maththu Aga mAsuNaththAl *
minnum iru suDarum viNNum piRangku oLiyum *   105
thanninuDanE suzhala malai thiriththu * Angku
innamudham vAnavarai UTTi * avaruDaiya   106
mannum thuyar kaDindha vaLLalai * - maRRu anRiyum
than uruvam Arum aRiyAmal thAn angku Or *   107
mannum kuRaL uruvin mANiyAy * - mAvali than
pon iyalum vELvikkaN pukku irundhu * pOr vEndhar   108
mannai manangkoLLa vanjchiththu nenjchu urukki *
ennuDaiya pAdhaththAl yAn aLappa mUvaDi maN *   109
mannA! tharuga enRu vAy thiRappa * - maRRu avanum
ennAl tharappaTTadhu enRalumE * aththuNaikkaN   110
min Ar maNi muDi pOy viN thaDava * - mEl eDuththa
pon Ar kanai kazhaRkAl Ezh ulagum pOyk kaDandhu * angku   111
onnA asurar thuLangkach sela nITTi *
mannu ivvagal iDaththai mAvaliyai vanjchiththu *   112
than ulagam Akkuviththa thALAnai * - thAmarai mEl
min iDaiyAL nAyaganai viNNagaruL pon malaiyai *   113
ponni maNi kozhikkum pUngkuDandhaip pOr viDaiyai *
then nankuRungkuDiyuL sempavaLak kunRinai *   114
manniya thaN sERai vaLLalai * - mA malar mEl
annam thuyilum aNi nIr vayal Ali *   115

---

[163] maruppin

ennuDaiya innamudhai evvuL perumalaiyai *

kanni madhiL sUzh kaNamangkaik kaRpagaththai *   116

minnai iru suDarai veLLaRaiyuL kal aRai mEl

ponnai * maradhagaththaip puTkuzhi em pOr ERRai *   117

** mannum arangkaththu em mA maNiyai * - vallavAzhp

pinnai maNALanai pEril piRappu iliyai *   118

thonnIrk kaDal kiDandha thOLA maNich suDarai *

en manaththu mAlai iDavendhai Isanai *   119

mannum kaDalmallai mAyavanai * - vAnavar tham

senni maNich suDaraith thaNkAl thiRal valiyai *   120

thannaip piRar aRiyAth thaththuvaththai muththinai *

annaththai mInai ariyai arumaRaiyai *   121

mun ivvulagu uNDa mUrththiyai * - kOvalUr

mannum iDaikazhi em mAyavanai * pEy alaRap   122

pinnum mulai uNDa piLLaiyai * - aLLal vAy

annam irai thEr azhundhUr ezhum suDarai *   123

then thillaich chiththira kUDaththu en selvanai * -

minni mazhai thavazhum vEngkaDaththu em viththaganai *   124

mannanai mAlirunjchOlai maNALanai *

kol navilum Azhip paDaiyAnai * - kOTTiyUr   125

anna uruvin ariyai * thirumeyyaththu

innamudha veLLaththai indhaLUr andhaNanai *   126

mannu madhiL kachchi vELukkai ALariyai *

manniya pADagaththu em maindhanai * - veqkAvil   127

unniya yOgaththu uRakkaththai * UragaththuL

annavanai aTTabuyakaraththu emmAn ERRai *   128

ennai manam kavarndha Isanai * - vAnavar tham

munnavanai mUzhik kaLaththu viLakkinai[164] *   129

annavanai AdhanUr ANDaLakkum aiyanai *

nennalai inRinai nALaiyai * - nIrmalai mEl   130

mannum maRai nAnkum AnAnai * pullANith

thennan thamizhai vaDamozhiyai * nAngkUril   131

mannu maNimADak kOyil maNALanai *

nannIrth thalaichchangka nANmadhiyai * - nAn vaNangkum   132

kaNNanaik kaNNapuraththAnai * thennaRaiyUr

mannu maNimADak kOyil maNALanai *   133

kal navil thOL kALaiyaik kaNDu Angkuk kai thozhudhu *

en nilaimai ellAm aRiviththAl emperumAn *   134

than aruLum Agamum thArAnEl * - thannai nAn

min iDaiyAr sEriyilum vEdhiyargaL vAzhvu iDaththum *   135

than aDiyAr munbum tharaNi muzhudhu ALum *

kol navilum vEl vEndhar kUTTaththum nATTagaththum *   136

---

[164] vaLaththinai

than nilaimai ellAm aRivippan * - thAn muna nAL

min iDai Aychchiyar tham sErik kaLavinkaN *   137

thunnu paDal thiRandhu pukku * - thayir veNNey

than vayiRu Ara vizhungka * kozhungkayaRkaN   138

mannu maDavOrgaL paRRi Or vAn kayiRRAl *

pinnum uralODu kaTTuNDa peRRimaiyum *   139

annadhu Or bUthamAy Ayar vizhavinkaN *

thunnu sagaDaththAl pukka perunjchORRai *   140

mun irundhu muRRath thAn thuRRiya theRRenavum *

mannar perum savaiyuL vAzh vEndhar thUdhanAy *   141

thannai igazndhu uraippath thAn muna nAL senRadhuvum *

mannu paRai kaRangka mangkaiyar tham kaN kaLippa *   142

konnavilum kUththanAyp peyarththum[165] kuDam ADi *

en ivan? ennappaDuginRa IDaRavum *   143

then ilangkaiyATTi arakkar kulap pAvai *

mannan irAvaNan than nal thangkai * - vAL eyiRRuth   144

thunnu suDu sinaththhuch sUrpaNakAch sOrvu eydhi *

pon niRam koNDu pularndhu ezhundha kAmaththhAl *   145

thannai nayandhALaith thAn munindhu mUkku arindhu *

manniya thiNNenavum vAyththa malai pOlum *   146

than nigar onRu illAdha thADagaiyai * - ** mAmunikkAth

thennulagam ERRuviththa thiN thiRalum * maRRu ivai thAn   147

unni ulavA ulagu aRiya Urvan nAn *

munni muLaiththhu ezhundhu Ongki oLi parandha *   148

manniya pUm peNNai maDal[166]   148.5

[167]en nilaimai ellAm aRiviththAl emperumAn *

than aruLum Agamum thArAnEl * - pinnaip pOy

oNDuRai[168] nIr vElai ulagu aRiya Urvan nAn *

vaNDu aRai pUm peNNai maDal

[169]maNNiRpoDi pUsi vaNDu iraikkum pUch chUDi *

peNNai maDal piDiththhup pinnE[170] * - aNNal

thirunaRaiyUr ninRa pirAn thEr pOgum vIdhi *

poru muRaiyAl[171] selvam purindhu[172]

---

[165] pErththhum
[166] yAppilakkaNaththhinpaDi periya thirumaDal oru pATTu
[167] ippATTu kambar pADiyadhu enbar
[168] oNDirai
[169] idhu migudhiyAga vazhangkuvadhillai
[170] pinpinnE
[171] maRaiyAy
[172] polindhu

aDivaravu: manniya uyar

thirumangkaiyAzhvAr thiruvaDigaLE sharaNam

___

Third Thousand of Nalayira Divya Prabandham Concluded

AzhvArgaL thiruvaDigaLE sharaNam

AzhvAr emberumAnAr jIyar thiruvaDigaLE sharanam

Books by Author

Please follow the link below for a list of all books by the author:

- http://svlife.org/books-idx-tca/

About the Author

TCA Venkatesan is a descendant of Thirumalai Anandazhvan, a disciple of Bhagavad Ramanuja and one of the 74 simhAsanAdipatis that he created to spread the Srivaishnava Sampradhayam.

He runs the popular website http://acharya.org.

Printed in Great Britain
by Amazon

40363269R00066